건강해지는
과학적 방법

몸과 마음에
건강 에너지가 가득 차오를

_____의 책

건강해지는
과학적 방법

월리스 D. 와틀스 지음 지갑수 옮김

ㅋ록

지은이 **월리스 D. 와틀스** Wallace D. Wattles

남북전쟁 직후 미국에서 출생했다. 젊은 시절 겪은 수많은 어려움을 극복하고 다양한 독서를 통해 신사고의 원리를 발견, 이를 실천하여 스스로 큰 부자가 된 인물이다. 《건강해지는 과학적 방법》은 1910년에 쓰였고, 긍정적인 사고의 힘이 건강을 어떻게 향상시킬 수 있는지에 대한 실용적인 가이드를 제공한다.

그의 가장 유명한 책이자 신사고의 원리를 담아 쓴 책 《부자가 되는 과학적 방법》은 100년이 지나도 많은 사람들에게 영감을 주는 명저 중의 명저이며, 후대 모든 자기계발 및 성공학 분야 서적들의 모태가 되었다. 그중 하나인 《시크릿》의 론다 번은 이렇게 말한다. "현재의 나를 있게 한 책이며, 이 책은 '시크릿'의 근원이 되었다."

옮긴이 **지갑수**

시사영어사에서 다양한 영어학습 잡지의 편집장을 지냈고, 영문 칼럼을 연재했다. 농협대학교와 방송통신대학교 경제학과를 졸업했다.

목 차

현대의 건강법들은 다분히 소비주의적이다. 헬스, 요가, 필라테스, 크로스핏 등등 각종 클럽에 다니고 PT를 받으며 때로는 1천만 원이 넘는 자전거를 비롯해 각종 장비를 산다. 통상적인 식사를 하는 것은 물론이거니와 철저한 영양 계산 하에 닭 가슴살을 비롯하여 다양한 보충제 및 영양제를 먹는다. 모르고 하는 동작에는 부상의 위험이 따른다며 여태 해오던 동작 하나라도 신체 부위별로 지식을 쌓은 뒤에 제대로 다시 하란다. 그러려면 배워야 하니 역시 돈이고 소비다. 틀린 말은 아니겠으나 계속 듣다 보면 무언가 과하다.

이 책의 건강법은 미니멀리즘minimalism적이다. 현대 건강법의 운동과 섭식 관련 모든 호들갑을 단 두 마디로 정리한다. '건강을 목적으로 하는 운동을 실시하는 것은 그 운동이 어떤 종류이든 부담이 되고 꼭 필요하지도 않다.' '필요한 영양소를 모두 섭취하려면 다양한 음식을 먹어야 하지 않느냐고 걱정할 필요도 없다. 무엇을 먹을지 생각하지 말라(마태복음 6:25)고 예수도 말했다. … 고기든 곡류든 뭐든 현지에서 풍성하게 나오는 식재료를 먹는 것으로 충분하다.' 현대의 영양학과 운동학의 입장에서는 경악할지도 모르는 소리지만 이게 끝이 아니다.

100년도 더 전에 출판된 이 책에는 한국에서는 2022년에야 유행하기 시작한 소위 소식좌light eater에 관한 이야기도 가득하다. 그들이 그토록 단순한 식단으로 적게 먹고도 어떻게 건강할 수 있는지를 설명한다. 그런데 그렇게 먹는 것이 바람직하며 누구나 그럴 수 있단다.' 현대의 영양학으로는 이해하기 어려운, 그러면서도 과식이나 비만이 존재할 수 없는 섭식법. 가히 소식좌와 다이어터dieter의 바이블이라 할 만하다. 하지만 우리 같은 대식좌, 비다이어터non-dieter의 입장에서도 결코 가벼이 흘려들을 수 있는 말은 아니다. 세계의 한쪽에서는 사람들이 굶어 죽어 가는데 다른 쪽에서는 비만이 문제라는 식의 감성팔이를 하려는 게 아니다. 지나친 탄수화물 섭취나 단백질 섭취 등, 과도한 영양 섭취가 몸에 독처럼 작용한다는 것은 이미 입증된 사실이다.[2] 더욱이 주로 선진국에서 발생하는 과도한 음식물 쓰레기 및 그와 관련한 탄소 발생, 그리고 그로 인한 심각한 기후 환경 문제를 안고 있는 이른바 탄소중립 시대를 살아가야 하는 것은 소식좌와 대식좌, 다이어터와 비다이어터를 가리지 않는다.

　현대의 건강법이 운동법과 영양학을 이야기한다면 이 책은 생각하는 법, 먹는 법, 숨 쉬는 법, 잠 자는 법을 이용한 건강 증진을 이야기한다. 그중에 으

뜸은 생각하는 법이다. 생각이 최고이고 운동은 불필요하다고 보는 관점에서 이 책은 그렇게 현대의 여타 '과학적' 건강법들과 대척점에 서 있는지도 모른다. 그렇다면 〈건강해지는 '과학적' 방법〉이라는 이 책의 제목은 자가당착일까? 그렇다고 하기에는 세계 5대 장수 지역인 블루존Blue Zone[3]의 건강 · 장수 비결 어디에도 운동은 없다. 모두들 현지에서 가장 풍성하게 나는 식재료를 즐겨 먹되 소식을 하고 스트레스를 받지 않는다고 말할 뿐이다. 운동은 고사하고 심지어 술 · 담배를 즐기기까지 한다. 현대의 첨단 과학 지식으로 무장하고 금연과 절주를 권하던 의사들이 모두 그들보다 먼저 죽었단다.

현지의 식재료는 곧 로컬푸드이고 이 책이 말하는 바이다. 스트레스에 초월하는 것 역시 이 책에서 하는 말이다. 여기에서는 '생각'이 그 수단인데 만병의 근원이라는 스트레스를 초월하는 것은 '생각의 기능'의 일부일 뿐이다. 생각하는 법을 으뜸으로 치는 이 책에 따르면 생각은 건강의 제 1원리일 뿐 아니라 질병 치유의 제 1원리이기도 하다. 그렇게 치유의 모든 힘, 건강의 모든 힘을 인간 내부에서 찾는다. 자연 치유력인데 저자인 와틀스는 그 힘을 신의 힘으로 본다.

역자로서 이 책의 모든 페이지가 공감할 만한 내용만으로 채워져 있다고 말할 수는 없다. 와틀스는 맑은 공기가 중요하다면서 그러므로 겨울에도 '최소한' 창문 하나는 활짝 열어놓고 잠을 자라고 권한다. 이상적인 상황은 마주보는 창문 두 개를 모두 활짝 열어 공기가 자유롭게 드나드는 것이란다. 겨울 최저 기온이 −71.2℃, 평균 기온은 −45.7℃이고 −40℃가 되면 날이 풀렸다며 아이들이 바깥에 나와 놀고 −2℃면 사람들이 반팔을 입고 아이스크림을 먹는다는 오이먀콘Oymyakon 주민들이라면 이곳 한국에서 실천 가능할지도 모르겠다. 아니면 내가 아직 단순한 건강법을 초월하는 이 책을 제대로 이해하지 못하고 있는 것일 수도 있으리라. 만약 정말로 오이먀콘 주민들이 할 수 있다면, 적응의 문제일 뿐 한국인들도 할 수 있을지 모르니까. 그럼에도 한 가지 확실한 것은 와틀스가 이 책을 집필하던 당시와 달리 지금은 첨단 환기 시설, 공기 청정 시설의 도움을 받으면 창문을 열어놓지 않고도 그와 똑같은 효과를 얼마든지 누릴 수 있다는 점이다. 의사도 포기한 암 환자가 공기 좋고 물 좋은 곳에서 건강을 되찾곤 하는 것을 보면 공기의 중요성을 강조하는 와틀스의 말에 귀 기울이지 않을 이유는 없을 듯하다.

이 책은 '와틀스 3부작'으로 알려진 시리즈의 두 번째 책[4]이다. 서점에서 이 책을 집어든 분들의 상당수는 첫 번째 책, 〈부자가 되는 과학적 방법〉에 매력을 느꼈던 독자일 텐데 〈부자가 되는 과학적 방법〉의 역자 서문에서도 했던 말이지만 이 책 역시 출간된 지 100년도 넘은 데다 기독교 문화에 기반하는 책이라 서술 방식이 오늘날의 정서나 감각에는 맞지 않는다. 잘 읽힌다는 것은 콘텐츠의 문제가 아니라 스타일의 문제이기에 이 책의 정수를 꿰뚫고 싶은 분들이라면 이 만연체의 '구식 스타일'은 극복해야 할 난관이다.

그래서 드리는 말씀인데 1장부터 읽는 것이 바람직함에도 영 부담스러운 분들이 있다면 먼저 9장부터 읽기 시작하여 13장은 건너뛰고 끝까지 읽은 뒤에 읽지 않은 나머지 장들을 1장부터 읽으시는 게 어떨까. 이것이 역자가 편법으로 추천하는 〈건강해지는 과학적 방법〉의 독서 순서다. 이렇게까지 하는 이유는 스타일이 구식이라는 이유로 놓치기에는 아까운 내용들이 책에 많아서다. 책의 '내용물이 액체가 될 때까지' 곱씹어 생각하다 보면 절대 만만한 책이 아니다.

유니세프UNICEF에 따르면 2023년에도 세계 인구의 26%는 안전한 식수를 마시지 못하고 46%는 기본적 위생 시설에 접근조차 못 하고 있는 것이 현실이다.[5]

저런 상황에서도 꿈이 있고 희망이 있으면 사람은 살아간다. 그런데 꿈을 이루기 위해서는 먼저 건강해야 한다. 부자가 되는 꿈도 마찬가지다. 그래서 소비주의적으로 돈이 많이 드는 건강법은 자격 미달이다. 이 책은 미국인들조차 평균 수명이 49.2세[6]에 불과했던 100여 년 전의 책답게 심지어 의학의 도움마저 받을 수 없는 열악한 상황에 처한 사람들조차 문제없이 실행해볼 수 있는 건강법과 치유법을 이야기한다.

세계 최고의 의료 수준을 향유하는 우리 한국인들에게는 마냥 남의 이야기일까? 우리도 출장이나 여행을 하면 언제든 저런 열악한 나라들에 들어갈 수 있고 50년 전만 해도 선진국이라거나 최소한 중진국 소리를 들었으나 더는 아닌 나라들을 안다. 화무십일홍花無十日紅이 나만은, 우리만은 비껴갈 것이라는 생각은 오산이다. 더욱이 병원과 의료보험 제도가 멀쩡히 갖춰져 있어도 발생하는 각종 의료 공백 때문에 제대로 치료를 받지 못하는 환자들의 수는 이곳 한국에서조차 폭증하는 추세다. 당장 인구 소멸 예상 지역들에서는 이미 시작된 현실이다. 그리고 아시다시피 한국 대부분의 지역이 인구 소멸 예상 지역이다. 100년도 더 된 이 책의 효용성이 여전히 현재진행형인 이유다.

역자 지갑수

---

1) 누구나 그럴 수 있다는 게 지나친 주장이 아닐 수 있는 이유가 있다. 흔히 '고행'이라면 부처만을 떠올리기 쉽지만 다양한 종교의 수도사들이 소식좌들을 능가하는 극단적 소식을 장기간에 걸쳐 실천한 사례는 역사적으로 적지 않다.

사막에 들어가 스스로 자신을 고립하여 수도했던 사막 교부(Desert Fathers)들이 그 좋은 예다. 이를테면 사막 교부의 창시자 대 안토니우스(Anthony the Great, 251~356)의 경우, 사막에서 하루에 많아야 한 끼, 적으면 이틀이나 사흘에 한 끼를 빵과 물과 소금만으로 때우는 고행을 15년 이상 했다. 파코미우스(Pachomius, 292~346), 히에로니무스(Hieronymus, 347~420) 등도 마찬가지다. 사막 교부들의 수는 나중에 수천 명에 이르렀다. 이들이야 수도사니까 그렇다는 생각이 든다면 세계 역사상 최고의 정복 군주 중 하나로 어마어마한 무용을 떨쳐 매일매일의 열량 소비가 장난이 아니었을 게 확실한 알렉산드로스(Alexandros, 356~323 BCE)를 보자. 그도 소식좌까지는 아니었겠지만 매우 간결한 식단으로 소식을 한 기록이 플루타르코스(Plutarch, c.46~after 119)를 통해 전해진다.

'알렉산드로스는 식사에서도 극도로 절제하는 모습을 보였다. … 양어머니이자 카리아(Caria)의 여왕인 아다(Ada)가 매일 훌륭한 요리사들을 보내 산해진미를 그에게 대접하려 하자 이런 음식들은 필요없다면서 스승인 레오니다스(Leonidas)가 이미 최고의 식사를 마련해 주셨으니 아침을 맛있게 먹으려면 야간 행군을 하면 되고 저녁을 맛있게 먹으려면 아침을 적게 먹으면 되는 것이 그 비결이라고 말했다. … 할 일이 없으면 술을 마시기보다는 앉아서 한담을 나누기를 즐겼는데 술 한 잔을 놓고 참으로 오래 대화를 나눴다.' - Translator: Arthur Hugh Clough, Plutarch's Lives, Volume Two, p.193 (A Penn State Electronic Classics Series Publication, 2003)

따지고 보면 사람이 하루 세 끼를 먹게 된 것 자체가 극히 최근의 일이다. 인류 역사 대부분에서 사람은 하루에 한 끼 정도를 먹었다. 농업이 정착한 뒤에도 두 끼가 일반적이었으니 세 끼가 오히려 예외인 셈이다. 게다가 하루 한 끼마저도 규칙적으로 먹지 못했던 먼 과거의 수렵 채집 인류가 현대의 농업 인류보다 더 건강했다는 견해도 학계에서 갈수록 힘을 얻고 있다.

2) 가령 지나친 열량 섭취는 비만으로 이어져 건강 악화의 압도적 요인인 각종 심혈관계 질환을 일으키고 지나친 단백질 섭취는 신장 질환, 골다공증, 통풍 등을 유발하는 식이다.

3) 이탈리아의 사르디니아(Sardinia), 코스타리카의 니코야(Nicoya), 그리스의 이카리아(Icaria), 미국 캘리포니아의 로마 린다(Loma Linda), 그리고 일본의 오키나와(Okinawa).

4) 첫 번째 책은 〈부자가 되는 과학적 방법〉이고 세 번째 책은 〈위대해지는 과학적 방법〉이다. 대중적으로 가장 인기 있는 책은 첫 번째 책이지만 역자는 개인적으로 세 번째 책이 와틀스 3부작 중 최고라고 생각한다.

5) https://mobile.newsis.com/view.html?ar_id=NISX20230322_0002236934

6) National Center for Health Statistics, 'National Vital Statistics Report, Vol.49, No.11" & "Leading Causes of Death 1900~1999)'

The first wealth is health

Ralph Waldo Emerson

역자 일러두기

1. 저자가 직접 한 괄호는 [ ]로 표시했다. 1장 단 한 군데에만 등장한다.

2. 역자가 번역의 편의와 의미 전달의 용이를 위해 임의로 추가한 글은 회색 글자로 표시했다.

3. 주석은 모두 역자가 추가한 것이다.

4. 주석의 웹주소는 시간이 지나면 달라질 수 있다.

5. 'God'는 성서 인용 등 부득이한 경우가 아니면 하나님이 아니라 신이나 절대자 등으로 번역했다. 이 책은 기독교 서적이 아니라는 게 첫째 이유이고, 비록 시대적인 이유로 기독교적 배경이 강하긴 해도 와틀스의 종교관, 인간관은 기독교에만 한정하기 어려우며 그가 자신의 걸작 〈부자가 되는 과학적 방법〉에서도 이미 밝혔듯 오히려 일원론적인 힌두교에 더 가깝다고 볼 수 있어서가 둘째 이유다.

이 책은 〈부자가 되는 과학적 방법〉을 잇는 '과학적 방법' 시리즈의 2탄이다. 〈부자가 되는 과학적 방법〉이 큰돈을 벌고자 하는 사람들을 위한 책이었다면 이 책은 건강을 얻고자 하는 사람들을 위한 책으로 역시 이론서가 아니라 실천 교본에 해당한다.

이 책에서 다루는 것은 생명의 보편적 원리를 사용하는 방법이다. 나는 '신사고 운동'이나 '형이상학'에 관한 사전 지식이 없는 독자도 이 방법을 따르면 완벽한 건강을 얻을 수 있도록 하기 위해 쉽고 간단하게 설명하는 데에 모든 노력을 기울였다. 가령 핵심적이지 않은 내용이 들어가 핵심을 어지럽히지 않도록 주의했고 기술적이거나 복잡한 용어는 전혀 사용하지 않았으며 책 전체를 일관된 관점으로 서술했다.

제목에서부터 알 수 있듯 이 책에서는 건강에 관한 속설이 아니라 과학을 다룬다. 물질이든 마음이든 의식이든 혹은 생명이든 모든 것은 하나의 근원 물질이 발현한 것이라는 이른바 일원론적 우주론은 이제 거의 모든 사상가들도 인정하는 내용이다. 독자 여러분도 이 전제를 받아들인다면 그로부터 이 책에서 도출되는 논리적 결론을 부인할 수는 없을 것이다. 특히 이 책에서 제시하는 생각이나 행동의 방법은 처음에는 내가 나 자신을 대상으로, 그리고 이후에는 다른 수백 명을 대상으로 12년 동안이나 테스트하여 단 한 차례의 실패 사례도 나오지 않았기에 더욱 그러하다.

따라서 내가 이 책 〈건강해지는 과학적 방법〉에 대해 할 수 있는 말은 "이 책은 확실한 효과가 있으며 책에 나온 법칙을 적용하기만 하면 마치 기하학 법칙이 실패할 수 없는 것처럼 실패할 수가 없다."는 것이다. 여러분의 신체 조직이 생명 유지가 불가능할 정도로 망가진 상태가 아닌 한 여러분은 건강을 얻을 수 있다. 단지 특정 방식에 따라 생각하고 행동하기만 하면 된다.

만약 일원론적 우주론을 제대로 이해하고자 하는 독자가 있다면 헤겔[1]과 에머슨[2]을 읽을 것을 권한다. 또한 제이 제이 브라운John Joseph Brown이 발행한 소책자 〈이터널 뉴스The Eternal News〉 역시 일독을 권한다. 발행지는 스코틀랜드 글래스고우Glasgow 고반힐Govan-hill 캐스카트 로드Cathcart Road 300이다. 혹은 내가 1909년에 '진실은 무엇인가?'라는 제목으로 신사고 운동 관련 간행지 〈더 노틸러스The Nautilus〉에 발표한 일련의 글을 통해서도 얻는 바가 있을 것이다. 발행지는

---

1. 게오르크 빌헬름 프리드리히 헤겔(Georg Wilhelm Friedrich Hegel, 1770~1831)은 독일 관념론을 완성한 것으로 평가받는 프로이센의 철학자이다.
2. 랠프 월도 에머슨(Ralph Waldo Emerson, 1803~1882)은 미국의 시인이자 사상가이다.

매사추세츠 홀리요크Holyoke이다.

음식을 먹고 물을 마시고 숨을 쉬고 잠을 자는 것과 같은 수의적 기능[3]의 수행에 관하여 자세한 정보가 필요한 독자라면 역시 내가 집필한 〈삶과 치유의 신과학〉이나 〈어느 여성의 남편에게 보내는 편지〉 또는 〈음식의 생산적인 사용〉과 같은 소책자를 읽어보는 것도 좋겠다. 출판사는 이 책[4]의 출판사와 같다. 호레이스 플레처[5]와 에드워드 후커 듀이[6]의 저작물들 역시 추천한다.

---

3. 수의적 기능이란 자기 의지로 제어할 수 있는 기능을 말한다. 전형적인 예로는 팔 다리를 움직이는 것을 들 수 있다. 이와 반대 개념인 불수의적 기능은 자기 의지로 제어할 수 없는 기능으로 소화, 호르몬 분비, 감각, 감정 등이 있다. 와틀스가 수의적 기능으로 제시한 것들 중 숨을 쉬고 잠을 자는 것에는 수의적 측면과 불수의적 측면이 모두 있다. 명상 호흡은 의지로 조절하므로 수의적이지만 수면 호흡은 의지와 무관하므로 불수의적이다. 수면도 마찬가지로 의지로 조절 가능한 부분과 불가능한 부분이 공존한다.

4. 영문판 초판을 의미한다.

5. 호레이스 플레처(Horace Fletcher, 1849~1919)는 미국의 식이요법 전문가이다.

6. 에드워드 후커 듀이(Edward Hooker Dewey, 1837~1904)는 미국의 의사이다.

이 책을 통해 얻게 될 신념을 튼튼하게 지지해 줄 사상적 기반이 필요한 독자가 있다면 앞서 언급한 모든 글을 다 읽으면 된다. 하지만 미리 경고하는데 그 와중에 서로 대립하는 이론, 실천법 등 상충하는 건강법들을 조금이라도 공부해서는 안 된다. 왜냐면 건강해진다는 것은 온 마음을 올바른 생각과 생활 방식에만 집중해야 가능하기 때문이다.

이 책 〈건강해지는 과학적 방법〉은 어느 한 군데 모자람 없이 완벽한 지침임을 잊지 말라. 이 책에서 요구하는 생각 방식과 행동 방식에 온전히 집중하라. 모든 세부 지침을 그대로 따르라. 그러면 반드시 건강해진다. 그리고 이미 건강한 사람은 그 건강을 계속 유지하게 된다. 완벽한 건강이라는 귀중한 축복이 여러분의 것이 될 때까지 정진하실 것을 믿으며 이 책을 독자에게 바친다.

월리스 D. 와틀스

제1장

건강의 원리

The Principle of Health

〈부자가 되는 과학적 방법〉에서와 마찬가지로 〈건강해지는 과학적 방법〉을 개개인이 적용하기 위해서는 우선 몇 가지 근본적인 진실을 숙지하고 아무런 의심 없이 믿어야 한다. 그 진실 중 몇 개를 지금 공개한다.

건강이란 '모든 기능이 완벽하게 자연적으로 작동하는 것'이다. 그런데 모든 기능이 완벽하게 자연적으로 작동하는 것은 생명의 보편적 원리가 자연적으로 작동하는 것으로부터 나온다.

우주에는 생명의 보편적 원리가 있다. 하나의 살아있는 근원물질이 있고 그로부터 모든 것이 나온다는 것이 그 원리이다. 이 살아있는 근원물질은 모든 우주의 공간에 스며들어 투과하고 충만해 있다. 모든 것에 깃들어 가득한 동시에 그 안팎으로 통하기에 마치 우주를 빈틈없이 메운 매우 순수한 에테르와 같다. 모든 생명은 바로 이 근원물질에서 나온다. 즉 근원물질의 생명이 곧 존재하는 모든 생명체의 생명이다.

인간은 이 살아있는 근원물질의 한 형태이며 따라서 인간의 내부에도 건강 원리가 깃들어 있다. [원리라는 단어는 원천을 의미한다.] 사람에게 깃들어 있는 그 건강 원리가 온전히 활성화되면 그 사람의 모든 수의적 기능 역시 완벽하게 작동하게 된다.

우리 인간의 내부에서 치유라는 과정이 일어나고 있다면 그것은 우리가 어떤 건강법, 어떤 치료법을 적용받고 있든 바로 이 건강 원리가 작동하고 있음을 의미한다. 그런데 이 건강 원리는 우리가 특정 방식으로 생각할 때 활성화된다.

나의 마지막 발언을 증명해 보겠다. 세상에는 다양한 의료법 및 건강법들이 있어서 그 방법이 서로 다르고 그래서 때로는 상충하기도 하지만 그럼에도 사람을 치료한다는 것을 우리는 알고 있다. 가령 역증요법逆症療法, allopath은 몸속 독소와 반대되는 독소, 즉 해독제를 다량 투여하지만 환자가 치료된다. 반대로 동종요법同種療法, homeopath은 몸속 독소와 비슷한 독소를 소량 투여하지만 역시 환자가 치료된다.

이치만 따지면 만약 역증요법으로 치료된 병이 있다면 동종요법으로는 똑같은 질병이 절대 치료되어서는 안 된다. 마찬가지로 동종요법으로 치료된 병이 있다면 그 병은 역증요법으로는 치료될 수 없어야 한다. 이 두 요법은 이론이든 실천법이든 서로 완벽하게 반대이기 때문이다. 그런데도 두 요법 모두 대다수 질병을 치료한다. 심지어 각 요법 내에서도 개별 의사들이 내리는 처방 역시 똑같지 않다.

이를테면 소화불량에 걸렸을 때 한 요법을 실행하는 여섯 명의 의사를 찾아가 진료를 받아 보면 각 의사들이 처방해 준 약 성분이 중복될 가능성은 거의 없다. 일이 이쯤 되면 환자들은 다양한 약 성분에 의해서가 아니라 환자 자신에 깃들어 있는 건강 원리에 의해 치유되었다는 결론을 내려야 하지 않을까?

이뿐이 아니다. 동일한 병이 접골사[7]의 척추 교정으로 치료되기도 하고 영성 치료자의 기도나 식품 과학자의 식이요법, 크리스천 사이언스[8]의 교리 낭독 처방, 정신 과학자의 긍정적 확언, 위생 전문가의 생활 습관 교정 등으로 치료되기도 한다.

지금까지 살펴본 사실들에 비춰 볼 때 모든 사람

---

7. 모든 병은 비뚤어진 뼈에서 기인하므로 뼈와 근육을 바르게 맞추면 몸의 자연 치유력이 극대화되어 병을 예방하고 치료도 할 수 있다고 믿는 대체 의학 실행자.

8. 물질세계는 실체가 아니므로 예컨대 질병도 기도만으로 치유할 수 있다고 믿는 기독교 교파의 하나.

에게는 동일하게 적용되는 건강 원리가 내재되어 있어서 어떤 병이든 진짜 치료 요인은 바로 이 원리라는 결론 외에 다른 결론은 나오기가 어렵다. 즉 어떤 적절한 상태가 되면 각 건강법에 존재하는 뭔가가 이 건강 원리를 활성화하는 것이다. 다시 말해서 그게 약이든 처치든 기도든 식이요법이든 긍정적 확언이든 위생적 생활이든 뭐든 간에 건강 원리를 활성화하는 데 성공하면 질병을 치료하게 되고 성공하지 못하면 치료에도 실패하는 것이다. 이는 치료의 성공 여부는 처방약의 성분이 아니라 환자가 해당 치료법을 어떻게 받아들이는지에 달려있다는 말과 같지 않을까?

이 점에 관해 아주 훌륭한 예시가 되는 옛 사례가 있어서 소개할까 한다.

중세 시대의 일이다. 어느 수도원에 한 성자의 뼈가 보관되어 있었는데 치유의 기적을 일으켰다고 한다. 그래서 유골 개방일에는 환자들이 구름처럼 몰려들어 그 뼈를 만졌는데 그때마다 만진 사람들 모두가 병이 치유되었다는 것이다. 그런데 어느 개방일 전날 밤, 못된 무리가 수도원에 침입해 해당 유골을 훔쳐가는 일이 벌어졌다. 이튿날 아침, 평소처럼 환자들이 수도원 대문이 열리기만을 기다리고 있는 상황에서야 수도사들은 유골이 도난되었음을 알아차렸다. 수도사들은 도둑들을 붙잡아 유골을 되찾을 때까지는 이 사실을 비밀에 부치기로 하고 서둘러 수도원 지하실로 달려가 수년 전에 그곳에 묻혔던 어느 살인자의 유골을 파내 성자의 유골이 있던 단지에 넣었다. 또 치유의 기적이 일어나지 않을 상황에 대비해 그럴듯한 핑계도 만들어 놓고는 기다리고 있던 환자며 병약자들을 들어오게 했다. 그런데 놀라운 일이 벌어졌다. 살인자의 유골이 마치 성자의 유골이기라도 한 것처럼 효험을 발휘하여 전과 같이 환자들을 치료하기 시작한 것이다. 이 일화를 기록으로 남긴 것으로 전해진 수도사는, 자기가 보기에 사실 치유력은 내내 환자들 자신에게 있었고 유골에 있었던 적은 한 번도 없었다고 고백했다.

이 이야기 자체는 사실일 수도 있고 아닐 수도 있다. 하지만 그 결론만큼은 모든 건강법에서 나타나는 치료에 다 적용된다. 즉 치유력은 환자 자신에게 내재되어 있으며 그것이 발현하느냐 마느냐도 환자에게 적용된 어떤 물질적, 정신적 치료법에 달린 것이 아니라 환자가 그 치료법을 얼마나 확신하느냐에 달렸다는 것이다.

생명의 보편적 원리가 있다는 것은 근원물질로부터의 논리적 귀결이기 이전에 예수의 가르침이기도 하다. 위대한 영적 치유력도 마찬가지다. 그리고 사람에게 내재되어 있는 건강 원리는 바로 이 치유력과 연결되는 것이다. 사람의 생각에 따라 이 치유력은 발현되기도 하고 안 되기도 한다. 또한 사람은 특정 방식 대로 생각함으로써 언제든 이 치유력의 발현 속도도 조절할 수 있다.

사람의 건강은 어떤 건강법을 쓰느냐, 어떤 치료법을 따르느냐에 달려있지 않다. 이는 앞서 동일한 질병이 서로 반대되는 모든 건강법과 치료법으로 치료되는 것에 의해 이미 확인된 바와 같다.

건강은 기후 때문도 아니다. 여러 기후대에서 건강한 사람과 환자가 다 나타난다. 유독한 환경에서 일하는 경우를 제외하면 건강은 직업의 결과도 아니다. 모든 직업군에 건강한 사람과 아픈 사람이 공존한다. 우리의 건강은 우리가 어떤 특정 방식에 따라 생각하고 행동하느냐에 의해 결정되는 것이다.

그런데 우리가 뭔가에 대해 생각하는 방식은 우

리가 그것에 대해 어느 정도의 신념을 가지고 있는지에 따라 결정된다. 신념이 생각을 결정하므로 우리 각자가 신념을 어떻게 적용하는지에 따라 결과도 달라지는 셈이다. 예컨대 누군가가 어떤 약의 효능에 대한 신념이 있고 그 신념을 행동을 통해 자신에게 적용할 수 있다면 그 약은 분명히 그 사람을 치료할 것이다. 그러나 신념이 아무리 크더라도 그 신념을 행동으로 자신에게 적용하지 못하면 질병은 치료되지 않을 것이다.

질병의 상당수는 다른 사람들에 대한 신념은 있어도 자신에 대한 신념은 없는 상태에서 비롯된다. 그래서 어떤 식이요법에 신념이 있는 사람이 그 신념을 자신에게 적용할 수 있으면 그 식이요법은 그를 치료할 것이다. 기도나 긍정적 확언에 신념이 있고 그 신념을 자신에게 적용하는 사람 역시 그 기도와 긍정적 확언이 그를 치료할 것이다. 자신에게 적용하는 신념은 사람을 치료한다. 하지만 신념이 아무리 크더라도 혹은 아무리 지속적이더라도 자신에게 적용하지 못하는 신념은 사람을 치료하지 못한다.

〈건강해지는 과학적 방법〉에 생각과 행동이라는 두 가지 분야가 존재하는 것이 그래서다. 건강해지고 싶다면 그저 특정 방식으로 생각만 해서는 안 된다. 그 생각을 자신에게 적용해야 한다. 그래서 생각하는 것과 똑같은 방식으로 밖으로 표현하고 외적인 생활에도 투영해야 한다.

제2장

건강의 기반은 신념이다

The Foundations of Faith

병을 치료해 줄 특정 방식에 따라 생각하기 위해서는 다음과 같은 몇 가지 특정 진리를 먼저 믿어야 한다.

모든 물질은 하나의 살아있는 근원물질로부터 만들어진다. 이 근원물질은 원형의 상태에서 모든 우주의 공간에 스며들어 투과하고 충만해 있다. 눈에 보이는 모든 것이 그 근원물질로부터 만들어졌으나 동시에 근원물질은 만들어진 피조물들 안팎에 여전히 형태가 없는 본래 상태 그대로 존재하기도 한다.

근원물질의 생명과 지혜가 이 모든 피조물에 깃들어 있는 것이다.

근원물질은 생각으로 창조한다. 생각한 그대로의 형상을 자기 스스로 띠는 것이다. 즉 근원물질이 어떤 형상을 생각하면 그 형상을 띠게 된다. 어떤 움직임을 생각하면 그 움직임이 일어나게 된다. 형상은 이 근원물질이 스스로 어떤 입장을 취하거나 위치로 이동하면 만들어진다. 어떤 주어진 형상을 만들어내고자 하는 근원물질은 그 형상을 초래하는 움직임을 생각하는 것이다.

만약 근원물질이 하나의 세상을 창조하고자 하면 그 근원물질은 다양한 움직임을 생각하고 필시 그 생각을 여러 시대에 걸쳐 유지할 것이다. 그러면 그 생각에 따라 해당 세상의 형상이 실현되고 그 세상이 지향하는 방향 역시 실현될 것이다. 생각했던 움직임들이 만들어지는 것이다.

근원물질이 떡갈나무를 만들고자 하면 그에 맞는

연속적 움직임을 여러 시대에 걸쳐 떠올리고 유지한다. 그러면 그 결과로 떡갈나무가 형성된다. 해당하는 움직임이 만들어지는 것이다. 서로 다른 형상들이 만들어지는 특정한 연속적 움직임은 애초에 정해져 있다. 별도의 변화가 없는 것이며 그래서 무형의 근원물질에 내재되어 있는 특정한 움직임들은 그에 해당하는 특정한 형상을 언제라도 만들어낼 것이다.

인간의 신체 역시 근원물질에서 만들어지며 근원물질의 생각에 의해 처음 존재하게 된 어떤 특정 움직임의 결과이다. 인체를 생산 혹은 재생산하거나 치유하는 움직임은 기능이라 불린다. 이런 기능에는 두 가지 종류가 있는데 수의적 기능과 불수의적 기능이 그것이다.

인간에게 내재되어 있는 건강 원리의 통제 하에 놓인 기능은 불수의적 기능이다. 이는 인간이 특정 방식으로 생각하는 한 완벽하게 건강한 방식으로 작동한다. 먹고, 마시고, 숨쉬고, 잠을 자는 등의 기능은 수의적 기능이다. 수의적 기능과 불수의적 기능 모두 전체적으로, 혹은 부분적으로 인간의 의식적 마음의 지배를 받는다. 즉 인간이 의지하면 완벽하게 건강한 방식으로 기능하게 할 수 있다.

반대로 불수의적 기능과 수의적 기능이 모두 건강한 방식으로 작동하지 않으면 사람은 건강을 오래 유지할 수 없다. 그러므로 이제 우리는 사람이 특정 방식으로 생각하고 또 그 생각에 부합하는 방식으로 먹고, 마시고, 숨쉬고, 잠을 잔다면 그 사람은 건강할 것임을 알 수 있다.

불수의적 기능들은 건강 원리의 통제 하에 있어서 인간이 완벽하게 건강한 방식으로 생각하는 한 역시 완벽하게 작동한다. 왜냐면 생명의 보편적 원리의 작동은 인간의 의식적 사유에 의해 광범위한 지배를 받는데 이 의식적 사유는 무의식의 정신에도 영향을 미치기 때문이다.

사람은 생각의 진원지인 까닭에 생각의 발현이

가능하다. 그런데 모든 것을 알지는 못하므로 실수를 저지르거나 잘못 생각하기도 한다. 사람은 모든 것을 알지 못하기에 사실이 아닌 것을 사실로 믿는 경우도 있다. 가령 질병 혹은 비정상적인 기능이나 상태 따위를 오래 생각하며 믿는 경우가 있는데 이렇게 되면 건강 원리의 작동에 교란이 발생해 실제로 자신의 몸에도 질병이 발생하고 기능이 오작동하며 비정상의 상태가 초래된다.

근원물질에는 완벽한 움직임과 완벽하고 건강한 기능, 즉 완벽한 생명에 관한 생각만이 존재한다. 이는 질병이나 불완전성 따위가 신의 속성이 아닌 것과 같다. 하지만 인간은 오랜 세월에 걸쳐 질병, 비정상적인 기능, 노화, 죽음 등을 생각했는데 이렇게 장기화된 생각은 기능에 교란을 일으켰고 그 교란은 인간이라는 종의 일부로 유전되는 지경에 이르렀다. 수세대에 걸쳐 우리 선조들이 뇌리에 잡아두었던 인간의 형상과 기능에 관한 불완전한 생각들 때문에

현생 인류 역시 집단으로 불완전과 질병에 대한 무의식을 지닌 채 생명을 시작하게 된 것이다.

이는 자연스러운 현상이 아니고 자연이 계획한 일부도 아니다. 자연의 목적은 생명의 완벽성 외에 다른 어떤 것이 될 수 없다. 이는 다음과 같은 생명 자체의 속성으로부터 매일같이 확인되는 것이다.

좀 더 완벽한 삶으로 지속해서 나아가는 것은 생명의 속성이다. 좀 더 나은 삶을 지속해서 추구하는 것 역시 생명의 속성이다. 발전은 산다는 행위 자체가 가져오는 필연적인 결과인 것이다. 향상은 삶에 능동적으로 임할 때 항상 발생하는 결과이다. 삶을 살아가는 존재는 그게 어떤 존재이든 점점 더 충만한 삶을 살지 않을 수 없다.

가령 곡물 창고에 있는 씨앗은 생명은 있으나 살아가고 있는 상태는 아니다. 그 씨앗을 토양에 심으면 씨앗은 살아나고 그 즉시 주변의 물질로부터 필요한 것들을 끌어모아 식물의 형상을 만들기 시작한다. 그렇게 향상 작용이 촉발되면 30개, 60개 혹은 100개의 씨앗을 품은 이삭[9] 하나가 생산될 것이며 그 이삭 안의 각각의 씨앗에는 처음 씨앗만큼의 생명이 포함될 것이다. 살아감에 의해 생명이 증폭되는 것이다.

생명은 증폭, 즉 향상이 없이는 살아갈 수 없는데 살아가는 것은 생명의 근본적 충동이다. 근원물질의 작동과 창조란 바로 이 근본적 충동에 대한 응답이다. 신은 살아가야 한다. 왜냐면 신이란 창조하여 증폭하는 과정이 아니면 살아갈 수가 없기 때문이다. 형상들을 증식시키는 행위 속에서 신은 더 충만하게 살아가는 방향으로 계속 움직이고 있다.

우주란 발전하는 거대한 생명이고 자연의 목적은 완벽함을 향해 생명을 발전시키는 것이다. 즉 완벽하게 기능하는 것을 향한 발전이다. 자연의 목적이 완벽한 건강인 것이다.

---

9. 꽃대의 끝에 열매가 더부룩하게 많이 열리는 부분.

인간에 관한 한 자연의 목적은 인간이 좀 더 향상된 삶을 향해 끊임없이 발전해 가는 것, 즉 완벽한 삶을 향해 나아가는 것이다. 그러므로 당연히 그 인간의 현재 활동 범위에서 가능한 한 가장 완전한 삶을 사는 것이기도 하다. 그럴 수밖에 없다. 인간에 깃들어 있는 근원물질이 좀 더 충만한 삶을 추구하고 있기 때문이다.

아이에게 연필과 종이를 주면 그 아이는 투박한 그림을 그리기 시작한다. 아이에 깃든 근원물질이 그림을 통해 자신을 표현하고자 하기 때문이다. 아이에게 블록 한 세트를 주면 그 아이는 무언가를 만들려고 할 것이다. 아이에 깃든 근원물질이 건축물을 통해 자신을 표현하고자 하기 때문이다. 아이를 피아노 앞에 앉히면 그 아이는 건반을 두드려 소리를 내려 할 것이다. 아이에 깃든 근원물질이 음악을 통해 자신을 표현하고자 하기 때문이다.

인간에 깃든 근원물질은 항상 좀 더 충만하고자

한다. 인간은 건강할 때 가장 충만하게 살기에 인간에 깃든 자연의 원리가 추구하고자 하는 것 역시 건강뿐이다. 인간의 자연스러운 상태는 완전한 건강 상태인 것이다. 인간에 깃든, 그리고 자연에 깃든 모든 것이 건강을 추구한다.

근원물질의 생각 속에는 질병이 깃들 공간이 없다. 왜냐면 근원물질은 그 자체의 본질상 가장 충만하고 가장 완벽한 삶, 즉 건강을 향해 끊임없이 추동하기 때문이다. 인간 역시 근원물질의 생각 속에 존재하기 때문에 본래 완벽한 건강 상태에 있다. 비정상적이고 교란된 기능인 질병, 즉 불완전하게 이뤄진 혹은 불완전한 삶의 방향으로 이뤄진 움직임인 질병, 이런 질병을 위한 공간은 근원물질의 생각 속에는 없다.

근원물질의 위대한 마음속에는 질병에 대한 생각이 존재하지 않는다. 질병은 신이 만들거나 정하거나 보낸 것이 아니다. 질병은 전적으로 분리된 의식의 산물이다. 다시 말하면 인간의 개별적 생각의 산물이다. 형상 없는 근원물질인 신은 질병을 보거나 생각하거나 알거나 인식하지 않는다. 질병을 인식하는 것은 오직 인간의 생각이다. 신은 건강 외에는 아무것도 생각하지 않는다.

지금까지 언급한 내용으로부터 우리는 건강이 우리 모두를 있게 한 근원물질, 그 근원물질에 내재한 사실이자 진리이며 질병은 과거 그리고 현재의 인간이 가지고 있는 불완전한 생각으로부터 기인한 불완전한 기능이라는 것을 알 수 있다. 만약 자신에 관한 인간의 생각이 언제나 완벽한 건강이었다면 인간은 현재 완벽하게 건강한 상태 외에 다른 상태일 수가 없었을 것이다.

완벽한 건강 상태의 인간은 근원물질의 생각과 통한다. 불완전한 건강 상태의 인간은 자기 자신이 완벽한 건강을 생각하는 데에 실패한 결과이자 생명의 수의적 기능을 건강한 방식으로 수행하는 데에 실패한 결과이다. 이쯤에서 건강해지는 과학적 방법의 기본 진리들을 요약하여 정리해 보자.

생각하는 근원물질이 있어서 모든 존재가 그것으로부터 만들어지는데 이 근원물질은 그 원형 상태로 모든 우주 공간에 스며들어 투과하고 충만해 있다. 이 근원물질은 모든 존재의 생명이다.

근원물질에 내재한 어떤 형상에 관한 생각은 그 형상을 촉발한다. 어떤 움직임에 관한 생각 역시 그 움직임을 촉발한다. 근원물질이 인간과 관련하여 하는 생각은 항상 완벽한 기능과 완벽한 건강이다.

인간은 생각의 진원지인 까닭에 생각의 발현이 가능하다. 그리고 그런 인간의 생각은 그 자신의 기능 전반에 대한 통제력을 가지고 있다. 불완전한 생각을 하면 불완전하고 교란된 기능이 초래된다. 생명의 수의적 기능을 교란된 방식으로 수행하면 질병의 발생이 조장된다.

만약 인간이 완벽한 건강만을 생각한다면 그는

자신의 내부에 완벽한 건강이 기능하도록 만들 수 있다. 생명의 모든 힘이 발현하여 그를 도울 것이다. 그러나 이러한 건강한 기능은 그가 외부적인 즉 자발적인 살아가기의 기능을 건강한 방식으로 수행하지 않으면 지속하지 않을 것이다.

따라서 인간이 취해야 할 첫 번째 조치는 완벽한 건강을 생각하는 방법이고 두 번째 조치는 완벽하게 건강한 방식으로 먹고 마시고 숨을 쉬고 잠을 자는 방법을 배우는 것이다. 만약 인간이 이 두 조치를 제대로 취한다면 그는 분명히 건강을 획득할 것이고 그 건강을 계속 유지할 것이다.

제3장

생명과 그 생명의 유기체들

Life and Its Organisms

인간의 몸은 어떤 에너지가 머무르는 공간이다. 그 에너지는 소모되면 보충되고 쓰레기나 유독 물질이 발생하면 제거하며 몸이 깨지거나 다치면 그 몸을 치료한다. 이 에너지를 부르는 이름이 생명이다. 생명은 몸의 내부에서 생성되거나 생산되지 않는다. 생명이 몸을 생산한다.

씨앗은 곡물 창고에 수년 간 보관되어 있었어도 토양에 심으면 자란다. 씨앗이 그 식물을 생산하는 것이다. 하지만 식물에 내재한 생명은 성장에 의해 생성되는 것이 아니다. 오히려 식물을 성장하게 하는 것이 생명이다. 기능의 수행은 생명을 초래하지 않는다. 기능이 수행되도록 초래하는 것이 생명이다. 생명이 먼저고 기능이 나중이다.

유기체를 비유기체와 구분하는 것이 생명이다. 하지만 생명은 유기체의 조직이 구성된 뒤에 생겨나지 않는다. 생명은 조직 구성을 촉발하는 원리 혹은 힘이다. 생명이 유기체들을 만드는 것이다. 생명은 근원물질 고유의 원리이자 힘이다. 모든 생명이 하나다.

모든 존재의 이러한 생명 원리는 곧 인간에게도 내재한 건강 원리이며 인간이 특정 방식으로 생각할 때마다 생산적으로 활성화된다. 그러므로 이 특정 방식으로 생각하는 사람은 그의 외부 기능이 그의 생각과 일치하는 한 누구라도 완벽한 건강을 가지게 될 것이다.

외부 기능이 그의 생각과 일치해야 한다는 사실

이 중요하다. 만약 어떤 사람이 환자처럼 먹고 마시고 숨을 쉬고 잠을 잔다면 어떻게 건강을 획득하기를 바랄 수 있겠는가? 그러므로 생명의 보편적 원리는 사람에 내재한 건강 원리이다.

생명의 원리는 근원물질의 속성이기도 하다. 하나의 근원물질로부터 모든 존재가 만들어지는데, 이 물질은 살아있으며 이 물질의 생명은 우주의 생명 원리이기도 하다. 이 물질은 유기체를 생각하거나 혹은 유기체를 생산하는 움직임과 기능을 생각함으로써 그 자신으로부터 모든 유기체의 형상을 만들어 내 왔다.

근원물질은 건강만을 생각한다. 그럴 수밖에 없는 게 근원물질은 모든 진실을 알고 있기 때문이다. 근원물질은 모든 것이자 모든 것에 깃든 무형의 것이므로 이것이 모르는 진실은 존재할 수 없다. 근원물질은 모든 진실을 알 뿐만 아니라 모든 힘 역시 가지고 있다. 그것의 생명력은 존재하는 모든 에너지의 근원이기 때문이다.

모든 진실을 알며 모든 힘을 가지고 있는 의식적 생명은 잘못되거나 불완전하게 기능할 수가 없다. 모든 것을 알기에 잘못될 수가 없고 잘못될 수가 없음을 스스로도 알기에 무형의 근원물질은 병에 걸리거나(잘못 되는 것) 병을 생각(잘못될 수 있음을 생각하는 것)할 수가 없다.

인간은 이 근원물질의 한 형상이다. 그리고 그 자신만의 의식이 별도로 있다. 하지만 인간의 의식은 제한적이고 따라서 불완전하다. 이러한 제한적 의식 때문에 인간은 잘못 생각할 수 있고 실제로 잘못 생각한다. 이렇게 잘못된 생각은 그 자신의 몸에서도 교란되고 불완전한 기능을 촉발한다.

다만 인간은 잘못될 수 없을 만큼 많이 알지는 못한다. 그러므로 불완전하게 생각한다고 해서 그 즉시 불완전한 기능이나 질병이 즉각적으로 촉발되지는 않는다. 대신 불완전한 생각이 습관화되면 불완전한 기능과 질병은 어느 때든 반드시 찾아온다. 사람이 장시간 견지하는 생각은 무슨 생각이든 그의 몸에서도 그에 상응하는 상태를 초래하는 경향이 있기 때문이다.

또한 인간은 자신의 생명의 수의적 기능들을 건강한 방식으로 수행하는 방법을 배우는 데 실패해 왔다. 인간은 언제 무엇을 어떻게 먹어야 하는지 알지 못한다. 인간은 숨을 쉬는 방법에 대해 거의 알지 못하며 잠을 자는 방법에 대해서는 더 알지 못한다. 인간은 이 모든 것을 잘못된 방법으로, 잘못된 상태에서 수행한다. 이 모든 것은 인간이 생명의 지식으로 인간을 이끄는 유일하고 확실한 지침을 따르지 않고 무시해 왔기 때문이다.

인간은 본능에 의해서보다는 논리에 의해서 살려고 해 왔다. 즉 인간은 삶을 자연의 하나가 아니라 기예의 하나로 만들어 왔다. 그래서 인간은 잘못되어 버렸다.

이런 인간이 가지고 있는 유일한 치료법은 다시 올바른 길로 가는 것이다. 이것은 인간이 분명히 할 수 있는 일이다. 이와 관련한 모든 진실을 알려 주어서 이 책을 읽는 사람은 잘못되기에는 너무 많이 알도록 만드는 것이 이 책의 기능이다.

질병에 대한 생각은 질병의 형상을 초래한다. 그러므로 사람은 건강을 생각하는 방법을 배워야 한다. 사람은 생각을 형상으로 바꾸는 근원물질이기도 하기에 스스로 건강의 형상이 될 것이고 모든 기능에서도 완전한 건강을 드러낼 것이다. 앞에 나왔던 성인의 뼈를 만져서 치유되었던 사람들은 사실 특정한 방식으로 생각하여 치유된 것이지 뼈에서 나오는 어떤 힘에 의해 치유된 것이 아니었다. 죽은 사람의 뼈에는 그 뼈가 성인의 것이든 범죄자의 것이든 어떠한 치유력도 없다.

역증요법이나 동종요법의 처방으로 치유되었던 사람들 역시 사실은 특정 방식으로 생각한 덕분에 치유된 것이다. 그 어떤 약도 약 자체에 병을 치유하는 치유력을 갖고 있지는 않다.

기도와 긍정적 확언으로 치유되었고 치유되고 있는 사람들 또한 특정 방식으로 생각한 덕분에 치유된 것이다. 일련의 말에는 치유력이 없다.

치유된 환자는 그 어떤 건강법을 사용하였든 특정 방식으로 생각한 덕분에 치유된 것이며 그 특정 방식이 무엇인지는 조금만 깊이 생각해 보면 알 수 있다. 그 특정 방식에는 두 가지 요체가 있으니 첫째는 신념이고 둘째는 그 신념의 개인적 적용이다.

성인의 뼈를 만졌던 사람들에게는 신념이 있었다. 그 신념은 너무도 강렬해서 뼈를 만지는 즉시 질병과의 모든 심적 연관이 끊어졌으며 그와 동시에 건강과 동기화되었다. 이 마음의 변화는 엄청난 밀도의 감정적 경건을 동반하였고 이 경건은 영혼의 가장 깊은 곳까지 파고들어 건강 원리를 일깨우고 활발하게 작동하도록 만들었다. 그들은 치유되었음을,

즉 건강이 온전히 자기들 것이 되었음을 신앙으로써 확신했다. 그 충만한 신념으로 그들은 질병과 자신들을 연관하여 생각하기를 멈추었고 오직 건강과 연관하여서만 생각하기 시작한 것이다.

다음은 여러분을 건강하게 만들어 줄 특정 방식으로 생각하기의 두 가지 요체이다. 첫째, 내가 건강을 확보했다는 것, 즉 건강을 완전히 나의 것으로 만들었다고 믿기. 둘째, 질병과의 모든 심적 연관을 끊고 건강과의 심적 연관 상태로 들어가기. 우리가 심적으로 실현하는 것은 신체적으로도 실현된다. 우리가 심적으로 동기화하는 것은 신체적으로도 동기화한다. 만약 여러분의 생각이 항상 여러분을 질병과 연관시키면 그 생각은 고정된 힘을 발휘해 여러분의 안에서 질병을 일으킨다. 만약 여러분의 생각이 항상 여러분을 건강과 연관시키면 그 생각은 고정된 힘이 되어 늘 건강한 상태를 유지하도록 만든다.

약에 의해 치유된 사람들의 경우도 치유의 결과

는 똑같은 방식으로 얻어진 것이다. 그들은 치료에 사용되는 수단에 관한 신념이 의식적으로든 무의식적으로든 넘쳐흘렀다. 질병과의 심적 연관을 끊어내고 건강과의 연관으로 들어서기에 충분한 정도로 말이다. 신념 자체는 얼마든지 무의식적일 수 있다.

사람은 선천적으로 혹은 잠재적으로 약이나 그와 비슷한 것에 대해 신념을 갖게 될 수 있다. 그 약에 대해 의식적으로는 그 어떠한 신념이 없더라도 말이다. 그리고 이러한 잠재적 신념은 건강 원리가 급속히 생산적인 활동을 하도록 촉발하기에 충분히 강할 수 있다. 의식적인 신념이 거의 없는 사람들도 이 방식으로 치유된다. 반면에 신념이 엄청난데도 치유되지 않는 사람들도 있다. 그 신념을 자신에게는 적용하지 않았기 때문이다. 일반적으로 치유의 기적이 일어나곤 한다는 것은 믿지만 자신에게도 똑같은 기적이 일어난다는 신념은 없는 사람들이다.

그래서 건강해지는 과학적 방법에서는 고려해야

할 두 가지 포인트가 있다. 첫째, 신념을 가지고 생각하는 방법, 그리고 둘째, 그 생각을 우리 자신에게 적용하여 건강 원리를 생산적인 방식으로 재빨리 활성화하는 방법이다. 그러기 위해서는 무엇을 생각할지를 배우는 것부터 시작해 보자.

제4장

무엇을 생각할 것인가?

What to Think

질병과의 모든 심적 연관을 끊어내기 위해서는 건강과의 심적 연관 맺기를 해야 한다. 그 과정은 부정적이어서는 안 되고 긍정적이어야 한다. 즉 거부의 과정이 아니라 장악의 과정이어야 한다. 무슨 말이냐면 질병을 부인하고 거부하는 게 아니라 건강을 받아들여 자신의 것으로 만들어야 한다는 의미이다.

질병을 부인해서 얻을 수 있는 것은 사실상 아무것도 없다. 왜냐면 질병이라는 악마를 축출하여 집을 비우는 것은 별 효력이 없기 때문이다. 결국은 그

악마가 곧 자기보다 더 사악한 악마들을 데리고 돌아올 뿐이다. 건강과 충만하고 지속적인 심적 관계를 맺을 때 질병과의 모든 관계가 필연적으로 끊어진다. 따라서 건강해지는 과학적 방법의 첫 단계는 건강과의 완벽한 연결을 생각하는 것이다.

건강과 생각을 연결하는 가장 좋은 방법은 자신이 이미 건강하다고 생각하고 그 이미지를 머릿속에 형성하는 것이다. 완벽하게 강하고 튼튼한 신체육체미를 자랑하는 근육질의 신체를 의미하는 것이 아님를 상상하고 충분한 시간을 들여 이미지를 계속 떠올리며 그 생각이 습관이 되도록 하자.

이것은 실제로 해 보면 말처럼 쉽지 않다. 일단 상당한 시간을 의도한 생각, 즉 명상에 투입하는 것이 쉽지가 않고 또 모든 사람이 완벽하고 이상적인 신체를 가진 자신의 모습을 분명한 이미지로 형성할 수 있을 만큼 충분히 발달된 상상력을 가지고 있지도 않다. 차라리 〈부자가 되는 과학적 방법〉에서처럼 자신이 소유하고자 하는 물건의 이미지를 마음에 형성하는 것이 훨씬 수월하다. 그 물건이나 그 물건과 비슷한 물건을 본 적이 있으므로 이미 그 생김새를 알기 때문에 손쉽게 기억에서 불러내 형상화할 수 있는 것이다. 하지만 완벽한 신체를 지닌 우리 자신의 모습은 본 적이 없다. 분명한 이미지를 마음속에 형성하기가 어려운 이유다.

그런데 사실은 우리가 바라는 우리 자신의 이미지를 뚜렷이 마음속에 형성하는 데 실패해도 괜찮다. 마음속으로 완벽한 건강의 개념을 형성하여 우리 자신을 그 개념과 연결할 수만 있으면 된다. 이 건강 개념은 구체적 물체의 이미지가 아니다. 건강이 무엇인지에 대한 이해이고 이는 신체 각 부위와 기관이 완벽하게 기능한다는 것의 이해를 동반한다.

우리 자신을 완벽한 신체를 지닌 모습으로 떠올리려 시도하는 것은 바람직하며 분명히 도움이 되지만 필수는 아니다. 그러나 완벽하게 건강하고 활력이 넘치는 사람들이 하는 방식 그대로 모든 것을 수행하는 우리 자신의 모습을 상상하는 것은 반드시 해야 한다. 예컨대 거리를 똑바른 자세와 힘찬 걸음으로 걸어가는 자신의 모습을 상상하는 것은 쉽다. 하루의 일과를 손쉽고 여유롭게, 결코 피곤해 하거나 맥이 빠지지 않은 채로 해내는 자신의 모습을 상상하는 것도 어렵지 않다. 건강과 활력이 넘치는 사람이 있다면 그 사람은 매사를 어떻게 처리할지를 마음속으로 그려보는 것 역시 어려운 일이 아니다. 그리고 우리 자신이 매사를 그런 방식으로 처리하는 사람이라고 상정하여 그 이미지의 중심에 세우면 된다.

허약하고 병든 사람들이라면 매사를 어떻게 처리할지는 절대 머리에 떠오르지 않게 하라. 강인한 사람들이 매사를 어떻게 처리할지만 항상 생각하라. 이 강인한 방식을 생각하는 데에 여가 시간을 쓰라. 그 방식에 관한 개념이 제대로 잡힐 때까지 그렇게 하라. 그리고 항상 자신이 이 강인한 방식과 연결되어 있다고 생각하라. 건강 개념을 가진다는 것은 바로 이런 의미이다.

모든 신체 부위의 완벽한 기능을 떠올리기 위해 해부학이나 생리학을 공부할 필요는 없다. 각 기관의 생김새가 어떤지 마음속에 떠올리고 그 이미지에 천착할 정도가 될 필요는 없다는 말이다. 의사도 아닌 우리가 우리의 간, 신장, 위장, 심장 등을 '치료'할 필요는 없다.

인간에게는 하나의 건강 원리가 내재되어 있어서 인간 생명의 불수의적 기능 전체를 통제한다. 완벽한 건강에 관한 생각은 이 건강 원리를 활성화시키고 이렇게 활성화된 건강 원리는 인체의 각 부위와 기관에까지 스며든다. 인간의 간은 별도의 간 원리에 의해 통제되는 것이 아니다. 위장 역시 별도의 위장 원리에 의해 통제되는 것이 아니다. 단 하나의 건강 원리에 의해 통제된다.

생리학에 관한 자세한 지식은 많지 않을수록 오

히려 유리하다. 건강 과학에 관한 인간의 지식은 매우 불완전하여 우리를 불완전한 생각으로 이끌기 때문이다. 이 불완전한 생각이 불완전한 기능을 초래하면 곧 질병이 생긴다. 예를 들어보자.

최근까지 생리학은 인간이 음식 없이 생존할 수 있는 최장 시간을 10일이라고 못 박았다. 이보다 더 오래 굶고도 생존하는 경우는 그냥 기적의 영역으로 간주했다. 생리학의 이러한 선언은 사방으로 널리 알려졌고 음식을 박탈당한 사람들은 5일에서 10일 사이에 죽는다는 보편적인 인식이 퍼졌다. 그러자 실제로 난파나 사고, 기근 등으로 음식을 얻을 수 없게 된 수많은 사람들이 저 기간 사이에 목숨을 잃었다.

하지만 태너Tanner 박사가 40일의 단식 기록을 세우고 듀이Dewey 박사를 비롯한 여러 의학자들은 수많은 사람들이 40일에서 60일까지도 단식을 해낸다는 실제 실험 결과를 이용해 단식 치료법을 발표하면서 음식 없이 생존할 수 있는 인간의 능력이 여태 알려진 것보다 훨씬 더 뛰어나다는 사실이 밝혀졌다. 단식에 관한 적절한 교육을 받은 사람은 누구나 거의 아무런 체중 손실 없이, 그리고 종종 눈에 띄는 기력의 손실 역시 전혀 없이도 20일에서 40일까지 단식을 할 수 있다. 10일, 심지어 그보다 적은 날을 굶었다고 목숨을 잃는 사람들은 죽음을 피할 수 없다고 믿었기 때문에 그렇게 된 것이다. 생리학이 전해준 잘못된 정보가 잘못된 생각을 일으켰던 것이다.

음식이 박탈된 사람이 죽음에 이르는 기간은 10일이 될 수도 있고 50일이 될 수도 있다. 이는 그가 어떤 정보를 받았는지에 달렸다. 다시 말하면 그가 어떤 생각을 하느냐에 달렸다는 말이다. 이처럼 그릇된 생리학 지식은 매우 해로운 결과를 불러올 수 있다.

현대 생리학에서는 건강해지는 과학적 방법을 찾기 어렵다. 생리학 지식 자체가 충분히 정확하지 않기 때문이다. 생리학자들의 주장과 달리 인체 내부의 작동 방식과 과정이 제대로 밝혀진 경우는 상대적으로 많지 않다. 이를테면 음식이 어떻게 소화되는지, 인체의 에너지 생산과 관련하여 음식의 역할이 있다면 어떤 역할인지 등도 아직 알려져 있지 않다. 간, 비장, 췌장의 기능이 무엇인지, 저것들로부터 나오는 분비액이 소화 흡수의 화학 작용에서 어떤 역할을 하는지도 정확히는 알려져 있지 않다. 인류는 생리학의 저런 부분들을 비롯해 숱한 영역에서 이론을 구축하고 있지만 여전히 정확히 알지는 못한다.

생리학 공부의 시작은 이론과 논쟁의 영역으로 들어서는 것과 같다. 상반되는 견해들이 난무하므로 십중팔구는 인간의 생리에 관해 잘못된 견해를 가지게 된다. 이렇게 형성된 잘못된 견해는 잘못된 생각을 낳고 잘못된 생각은 인체 기능의 교란과 질병으로 이어진다. 생리학에서 밝혀낸 지식이 완벽하게 정확하다면 인간은 그 정확한 지식을 동원해 완벽한 건강이 어떤 것인지, 다시 말하면 가장 건강한 방식으로 먹고 마시고 숨을 쉬고 잠을 자는 것이 어떤 것인지 상상할 수 있게 될 것이다. 그런데 곧 이 책을 통해 확인하게 되겠지만 이런 상상은 생리학을 전혀 공부하지 않고도 얼마든지 할 수 있다.

이는 대체로 모든 위생학에 관해서도 사실이다. 우리가 알아야 할 근본적인 특정 원칙들이 있다. 이 원칙들은 다른 장에서 설명하겠다. 이 원칙들 외에 여타 생리학이나 위생학은 무시해도 좋다. 불완전한 생리학과 위생학은 우리의 마음에 불완전한 건강 상태에 관한 생각들을 심고 다시 이런 생각들은 우리의 신체에도 불완전한 건강 상태를 만들어낸다. 건강 외에 다른 것을 생각하지 않으려면 아무리 과학이라도 질병을 인정하는 과학은 그 어떤 것도 공부해서는 안 된다.

현재 건강 상태, 그런 건강 상태에 이른 원인, 그로 인해 초래될 수도 있는 결과에 관한 모든 생각을 멈춰라. 대신 머릿속에 건강 개념을 형성하는 작업에 집중하라.

건강, 그리고 건강해질 수 있는 가능성을 생각하라. 건강 개념 형성 작업을 수행 완료할 수 있다는 것과 그 결과로 얻은 완벽하게 건강한 상태에서 누릴 수 있는 즐거움을 생각하라. 다음으로 그렇게 형성된 건강 개념을 여러분 자신에 관한 생각의 안내자로 삼아라. 잠시라도 여러분이 건강 개념과 일치를 이루는 데 실패한다는 그 어떤 생각도 끼어들 틈이 없게 하라. 질병이나 불완전한 기능에 관한 생각이 머릿속에 들어오거든 그게 무엇이든 즉각 건강 개념에 일치하는 생각을 소환하여 물리쳐라.

여러분 자신이 건강 개념의 인간화 그 자체, 즉 강인하고 완벽하게 건강한 사람이라고 생각하라. 그와 상반되는 생각은 아무것도 품지 말라.

여러분이 자신을 이 건강 개념과 일치하는 존재로 인식할 때 여러분의 신체 조직에 스며들어 충만해 있는 근원물질이 그 생각에 따라 형상을 띠기 시작한다는 것을 명심하라. 이 총명한 물질 즉 생각하는 물질은 여러분의 신체가 완벽하게 건강한 세포들로 재조직되는 방식으로 기능들이 작동하도록 만든다는 것도 역시 명심하라.

이 총명한 근원물질은 모든 물질의 근간을 이루는 물질로 모든 존재에 스며들어 투과하고 충만해 있으니 곧 우리의 신체에도 깃들어 그 안팎을 넘나든다. 근원물질은 근원물질 자신의 생각대로 움직이므로 우리가 완벽하게 건강한 기능만을 생각하면 우리 내부에서 완벽하게 건강한 기능의 움직임, 즉 작동을 초래할 것이다.

여러분 자신이 완벽하게 건강하다는 생각을 집요하게 견지하고 그 어떤 다른 생각이 끼어들지 못하게 하라. 이 신념이 사실이자 진리라는 생각을 확고히 하라. 이는 여러분의 정신적 몸에 관한 한 진실이다.

사람에게는 정신적 몸과 육체적 몸이 있다. 정신

적 몸은 여러분이 생각한 바로 그대로의 형상을 띤다. 그리고 여러분이 지속적으로 견지하는 생각은 무엇이든 육체적 몸이 그 생각대로 변화하면서 눈에 보이는 실체가 된다. 정신적 몸이 완벽하게 기능한다는 생각을 마음속에 뿌리박으면 적당한 시간이 흐른 뒤에 육체적 몸도 완벽하게 기능하게 되는 것이다.

정신적 몸이 견지한 이상적인 이미지대로 육체적 몸이 즉각 변화하지는 않는다. 마음먹은 대로 육체적 몸을 변화시키는 것은 예수나 가능한 일이지 인간은 할 수 없다. 형상을 창조 혹은 재창조할 때 근원물질은 스스로 이미 구축해 놓은 고정된 성장선들을 따라 움직인다. 그러면 우리가 생각한 건강에 관한 이미지 역시 그에 따라 작용하여 세포 단위로 하나씩 건강한 신체가 구축된다. 완벽한 건강이라는 생각만을 견지하면 궁극적으로 완벽한 기능이라는 결과가 초래된다. 적당한 시간이 지나면 이 완벽한 기능은 완벽하게 건강한 신체를 만들어낸다. 이번

장의 내용을 다음과 같이 요약해 두면 좋을 것이다.

* * *

사람의 육체적 몸에는 지혜로운 근원물질이 깃들어 충만하며 그리하여 이는 생각하는 물질의 몸, 즉 정신적 몸을 형성한다. 이 정신적 몸은 우리의 육체적 몸의 기능을 조절한다. 질병이나 불완전한 기능에 대한 단 한 조각의 생각이라도 정신적 몸에 작용하면 육체적 몸에도 질병이나 불완전한 기능이 초래된다.

만약 우리가 병에 걸리면 그것은 잘못된 생각들이 이 정신적 몸에 작용했기 때문이다. 그 잘못된 생각은 우리 자신의 잘못된 생각일 수도 있고 우리 부모님의 잘못된 생각일 수도 있다. 사람은 옳든 그르든 수많은 잠재적 생각의 작용을 받으면서 인생을 시작하기 때문이다. 그러나 모든 인간 마음의 자연스러운 경향은 건강을 향하고 있지 질병을 향하고 있지 않다. 만약 무의식 속에 건강에 관한 생각 외에 어떠한 다른 생각이 자리하고 있지 않다면 모든 내부 기능도 완벽하게 건강한 방식으로 작동하게 될 것이다.

인간 내부에 존재하는 자연의 힘은 대물림되는 모든 생각의 작용을 극복할 만큼 충분히 강하다. 그러므로 만약 우리가 우리의 생각을 조절하는 법을 터득한다면 건강에 관한 생각만을 견지할 수 있을 것이고 그렇게 생명의 수의적 기능을 완벽하게 건강한 방식으로 수행해낸다면 반드시 건강을 얻게 될 것이다.

제5장

신념의 사용

Faith

건강 원리는 신념에 의해 움직인다. 그밖의 어떤 것도 건강 원리를 움직이게 할 수 없다. 오직 신념만 이 우리로 하여금 생각으로써 우리 자신을 건강과 연관 짓게 할 수도 있고 질병과의 연관을 끊게 할 수 도 있다.

만약 우리에게 건강에 대한 신념이 없다면 우리 는 지속적으로 질병을 생각하게 될 것이다. 신념이 없다는 것은 의심한다는 것이다. 의심하면 두려워지 며, 두려워진다는 것은 우리 자신이 우리가 두려워하는 것과 마음속에서 연관됨을 뜻한다.

가령 질병이 두려워지면 우리는 자신을 마음속에서 질병과 연관하여 생각하게 된다. 이 생각은 우리 내부에서 질병의 형상과 움직임을 만들어낸다. 근원물질이 자기 자신으로부터 자신의 생각의 형상을 창조하듯 근원물질이기도 한 우리의 정신적 몸은 우리가 무엇을 생각하든 바로 그것의 형상과 움직임을 띠기 때문이다. 질병을 두려워하고 끔찍하게 여겨서 그 질병으로부터의 자신의 안전을 의심하거나 심지어 질병을 곰곰이 생각하기만 해도 우리는 스스로를 질병과 연관해 우리 내부에 질병의 형상과 움직임을 만들어내게 된다.

이 점을 조금 더 자세히 살펴보자. 생각의 잠재력 즉 창조력은 생각에 담긴 신념에 의해 생각에 주어진다. 곧 아무런 신념을 담고 있지 않은 생각은 어떠한 형상도 창조하지 못한다.

무형의 근원물질은 모든 진리를 알기에 오직 진

리만을 생각하고, 오직 진리만을 생각하기에 스스로 하는 모든 생각 속에 완벽한 신념 역시 담지하며 따라서 그것의 모든 생각은 창조로 이어진다. 그러므로 만약 아무런 신념이 없는 생각을 상상해 보자면 그런 생각은 무형의 근원물질 속에서조차 근원물질을 움직이게도 하지 못하고 형상을 띠게도 하지 못한다는 것을 알 수 있다.

신념으로 잉태된 생각만이 창조의 에너지창조력를 가진다는 사실을 명심하라. 신념을 담은 생각만이 기능에 변화를 일으키거나 건강 원리의 발현을 촉진할 수 있다.

건강에 대한 신념이 없다는 것은 곧 질병에 대한 신념이 있다는 의미이다. 건강에 대한 신념이 없으면 건강에 관해 생각해도 아무런 이득이 없다. 왜냐면 그 생각에는 잠재력이 없어서 우리의 상태에 긍정적인 변화를 초래하지 못하기 때문이다.

반복하건대 건강에 대한 신념이 없다는 것은 곧

질병에 대해서는 신념이 있다는 뜻으로 이런 상황에서는 아무리 하루에 10시간을 건강에 관해 생각하고 단 10분만 질병에 관해 생각하더라도 우리의 상태를 통제하게 되는 것은 바로 그 10분이지 10시간이 아니게 된다. 건강에 관한 생각에는 없는 신념의 잠재력이 질병에 관한 생각에는 있기 때문이다. 건강에 관한 생각에는 형상이나 움직임에 변화를 일으킬 동력이 충분하지 않기에 우리의 정신적 몸이 질병의 형상과 움직임을 띠고 그 힘을 지속적으로 담지하는 것이다. 건강해지는 과학적 방법을 실천하기 위해서는 건강에 관한 완벽한 신념이 있어야 하는 이유다.

신념은 믿음에서 시작한다. 여기서 의문이 하나 생긴다. 건강에 대한 신념을 가지기 위해서는 무엇을 믿어야 하는가?

우리 자신과 우리를 둘러싼 환경 모두에 질병의 힘보다 건강의 힘이 더 많다는 사실을 믿어야 한다.

그런데 여러 사실들을 찬찬히 살펴보면 이를 믿지 않을 도리가 없다. 이것이 바로 그 사실들이다.

생각하는 근원물질이 있어서 모든 존재가 그것으로부터 만들어지는데 이 근원물질은 그 원형 상태로 모든 우주 공간에 스며들어 투과하고 충만해 있다.

이 근원물질 속에서 어떤 형상에 대한 생각은 그 형상을 존재하게 한다. 어떤 움직임에 대한 생각 역시 그 움직임을 일으킨다. 사람과 관련하여 이 근원물질의 생각은 언제나 완벽한 건강과 완벽한 기능이다. 근원물질은 사람의 안팎 모두에서 이렇게 건강을 지향하는 자신의 힘을 항상 발휘하고 있다.

사람은 생각의 진원지인 까닭에 생각의 발현이 가능하다. 사람에게는 근원물질로 이뤄진 정신적 몸이 있어서 육체적 몸의 구석구석까지 충만해 있는데 그의 육체적 몸의 기능은 정신적 몸의 신념에 의해 결정된다. 건강의 기능을 신념을 가지고 믿는 것은 우리가 그 신념과 상응하게 외부 기능 역시 수행하는 한 우리의 내부 기능이 건강한 방식으로 작동하도록 촉발하는 것과 같다. 따라서 질병이나 질병의 힘을 신념을 가지고 생각하는 것도 우리의 내부 기능이 질병의 기능이 되도록 촉발하는 것과 같다.

사람 내부의 지혜로운 근원물질은 건강을 향하여 움직인다. 건강해지도록 모든 면에서 사람을 촉발하는 것이다. 이처럼 사람은 건강이라는 이름의 무한한 바다에서 살고 움직이고 존재하는데 이 힘의 사용은 그의 신념에 달렸다. 사람이 이 힘을 전유하여 자신에게 적용하면 이 힘은 온전히 그 사람의 것이 된다. 아무 의심 없는 절대적 신념으로 자신을 이 힘과 일체화하면 건강을 얻지 않는 게 오히려 불가능하다. 왜냐면 근원물질의 힘이란 이 세상 전체의 힘 그 자체이기 때문이다.

지금까지의 진술을 믿는 것은 건강에 관한 신념의 기반에 해당한다. 저 진술들을 믿는 것은 건강한 상태가 사람의 자연 상태이고 따라서 사람은 국지적이 아닌 우주적, 따라서 선별적이 아닌 보편적 건강의 한 가운데에 사는 존재임을 믿는 것이다. 즉 자연의 모든 힘은 건강 상태를 이루기에 건강은 모두에게 가능하고 따라서 모두가 확실히 획득할 수 있는 것임을 믿는 것이기도 하다.

우주에 존재하는 건강의 힘은 질병의 힘보다 1만 배 이상 더 강력함을, 또한 사실 그저 교란된 생각과 신념의 결과에 불과한 질병에는 힘이라고 할 만한 것이 아예 없음을 믿어야 한다. 건강이 우리에게 가능함을, 그래서 우리가 분명히 획득하게 될 것이고 건강을 획득하기 위해 무엇을 해야 할지 정확히 앎을 믿는다면 건강에 관한 신념을 가지게 될 것이다. 이 책을 주의 깊게 끝까지 읽고서 믿기로 결심하고 책의 가르침을 실천한다면 이 신념과 지식을 갖게 될 것이다.

치유 기능은 단지 신념을 가진다고 작동하는 것이 아니다. 그 신념을 자신에게 직접 적용해야 작동한다. 가장 먼저 해야 할 일은 건강을 우리의 당연한 권리로 인식하는 것이다. 그 후 건강의 개념을, 그리고 가능한 한 우리 자신 역시 완벽하게 건강한 존재라는 개념을 머릿속에 형성한 뒤 이 개념을 실현하는 중임을 신념을 가지고 천명해야 한다.

이때 아무리 신념을 가지고 하더라도 건강해질 것임을 천명해서는 안 된다. 우리 존재 자체가 건강임을 신념을 가지고서 천명해야 한다.

건강에 관해 신념을 갖고 그 신념을 우리에게 적용한다는 것은 우리의 존재 자체가 곧 건강이라는 신념이 있음을 뜻한다. 이를 가능하게 하는 첫 번째 조치는 이것이 진리임을 천명하는 것이다.

정신적으로는 내가 곧 건강이라는 태도를 취하라. 이 태도와 상반되는 것은 그 어떤 것도 말하지도 행하지도 말라. 나는 존재 자체가 완벽한 건강이라는 천명과 조화를 이루지 못하는 것은 말 한 마디도 내뱉지 말고 자세 하나도 취하지 말라. 즉 걸을 때는 기운찬 걸음으로 걸으라. 가슴은 앞으로 펴고 머리를 처들고 걸으라. 항상 몸짓 하나, 태도 하나가 모두 건강한 사람의 몸짓과 태도가 되도록 유의하라. 쇠약이나 질병의 태도로 후퇴한 것을 깨닫는 순간 즉각적으로 대처하라. 자세를 똑바로 하라. 건강과 활력에 관해서만 생각하라. 자신을 완벽하게 건강한 존재 외 그 어떤 것으로도 생각하기를 거부하라.

이 신념을 적용함에 있어 큰 도움—필시 가장 큰 도움—이 되는 것이 있으니 바로 감사의 활용이다. 우리 자신이나 우리가 진보하는 상황에 대해 생각할 때마다 위대하고 지혜로운 근원물질에게 우리가 현재 누리고 있는 완벽한 건강에 대해 감사하라.

스베덴보리[10]도 말했듯 끊임없는 생명의 흐름이 절대자에게서 나오며 모든 피조물은 각자의 형상에 따라 이 흐름을 받는데 사람에 이르면 그 형상은 그

---

10. 스베덴보리(Emanuel Swedenborg, 1688~1772)는 스웨덴의 과학자이자 신학자이다. 태양계의 형성에 대한 가설인 성운 가설을 제창했다. 처음에는 과학자이기만 했으나 27년 동안 지속된 영적 체험을 한 뒤 이 경험을 35권의 신학 저술로 남겼다.

의 신념임을 명심하라. 절대자로부터 나오는 이 건강은 끊임없이 우리를 촉발한다. 그러므로 이에 대해 생각할 때 절대자를 향해 마음을 경건히 하고 우리가 진리로 안내되어 마음과 몸 모두에서 완벽한 건강 상태로 이끌린 것에 대해 감사하라. 항상 마음에 감사하는 태도를 가져라. 그 감사가 말 하나하나에 명백히 드러나게 하라.

감사는 우리만의 생각 방식을 구축하고 제어하는 데 도움이 된다. 질병에 대한 생각이 떠오를 때마다 즉각 건강을 당연한 권리로 인식하라. 그리고 지금 누리고 있는 완벽한 건강에 대해 신에게 감사하라. 이를 그대로 따르라. 그러면 마음에 질병에 대한 생각이 들어올 공간이 생기지 않을 것이다. 어떤 방식이든 나쁜 건강과 연결된 생각은 조금도 바람직하지 않다. 그러므로 나는 건강하다고 확고하게 인식하는 동시에 그 건강 상태에 대해 신에게 경건하게 감사함으로써 나쁜 건강의 면전에 대고 마음의 문을 닫으라. 그러면 곧 나쁜 생각이 더는 들어오지 못할 것이다.

감사에는 두 가지 효과가 있다. 우리의 신념을 강화하는 효과, 그리고 절대자와 친근하고 조화로운 관계에 들어서는 효과가 그것이다. 모든 생명과 모든 힘의 원천인 지혜로운 근원물질이 있음을 믿으라. 우리의 생명도 그 근원물질로부터 받았다는 것 역시 믿으라. 그리고 끊임없는 감사를 통해 그 근원물질과 자신을 밀접하게 연결하라. 그 생명의 물질과 자신을 더욱 밀접하게 연결할수록 그것으로부터 나오는 생명도 더욱 기꺼이 받을 수 있게 된다. 그리고 우리가 근원물질과 맺는 관계가 우리의 정신적 태도의 문제라는 것을 깨닫기도 쉬워진다. 우리의 육체가 신과의 관계를 매개할 수는 없다. 신은 정신적인 존재이기 때문이다. 그런데 사람은 육체적인 존재이기도 하지만 정신적인 존재이기도 하다. 그러므로 인간이 신과 맺는 관계는 정신을 경유하지 않으면 안 된다.

그렇다면 깊고 진심 어린 감사를 하는 사람은 감사의 마음을 담아 신을 우러러보는 일을 결코 하지 않는 사람에 비해 신과 훨씬 더 밀접한 관계에서 살게 될 것임은 명백하다. 감사할 줄 모르고 고마워할 줄 모르는 마음은 자신이 수혜 받는 존재임을 전적으로 부인하는데 그 결과 절대자와의 모든 연결이 끊어진다. 감사하는 마음은 언제나 절대자를 향하며 그리하여 그 수혜에도 항상 노출된다. 지속적인 수혜를 받게 된다는 뜻이다.

우리에 깃든 건강 원리는 그 생명력을 우주에 충만한 생명의 보편적 원리로부터 받는다. 그리고 우리는 건강에 대한 신념, 그리고 우리가 수혜 받은 건강에 대한 감사를 통해 생명의 보편적 원리와 연결된다.

우리는 우리의 의지를 적절히 사용함으로써 신념과 감사를 모두 계발할 수 있다.

제6장

의지의 사용

Use of the Will

건강해지는 과학적 방법을 실천하는 과정에서의 의지는, 우리가 진정으로 움직일 수 없을 때 움직이기 위해 혹은 뭔가를 하기에 신체적으로 충분히 강인하지 않을 때 무리해서라도 해내기 위해 사용하는 것이 아니다. 육체적인 몸의 의지를 강요하지 말라. 마찬가지로 육신의 내부 기능이 적절히 수행되도록 의지력으로 몰아붙이려 하지 말라.

의지는 마음에 사용해야 한다. 무엇을 믿을지, 무엇을 생각할지, 무엇에 집중할지를 결정할 때 의지를 사용하라. 의지는 그게 사람이든 물질이든 우리 외부의 것에 사용해서는 안 된다. 마찬가지로 의지는 외부의것인 자신의 몸에 사용해서도 안 된다. 무엇에 집중할지, 그리고 그렇게 집중할 대상에 관하여 무엇을 생각할지를 결정하는 것만이 의지를 올바르게 사용하는 유일한 길이다.

모든 믿음은 믿고자 하는 의지로부터 시작하지만 믿고자 의지한다고 해서 항상 그리고 즉각적으로 믿을 수는 없다. 반면에 믿고자 원하는 것은 언제라도 믿고자 의지할 수 있다. 건강에 관한 진리는 모두가 믿고자 원한다. 따라서 그것을 믿고자 의지할 수 있다. 여태 이 책에 나온 내용들은 건강에 관한 진리이므로 결국 믿고자 의지할 수 있다. 이는 건강을 얻기 위한 첫 번째 걸음이지 않으면 안 된다.

다음은 우리가 믿고자 의지해야만 하는 내용들이다.

생각하는 근원물질이 있어서 모든 존재가 그것으로부터 만들어지며 사람 역시 자신의 생명, 즉 건강 원리를 이 근원물질로부터 받는다.

사람 자체가 생각하는 근원물질이다. 정신적 몸이 육체적 몸의 구석구석까지 충만해 있고 따라서 육체적 몸의 기능은 그 사람의 정신이 생각하는 대로 작동한다.

사람이 완벽한 건강만을 생각하면 그 몸의 내부 기능과 불수의적 기능 역시 반드시 건강의 기능이 된다. 다만 이는 그의 생각이 생각으로 그치는 것이 아니라 그의 외부 기능과 수의적 기능 및 태도와도 일치할 때의 일이다.

방금 나온 내용들을 믿고자 의지한다면 그 의지를 행동으로도 옮기기 시작해야 한다. 행동하지 않는 믿음은 유지될 수 없다. 유지되지 않는 믿음은 자라서 신념이 될 수 없다. 신념이 되지 못한 믿음으로부터는 어떤 식으로든 어떤 이득도 기대하기 어렵다.

이 모든 것의 뿌리는 행동하지 않는 데 있다. 아픈 사람처럼 행동하기를 멈추지 않는다면 건강에 대한 신념이 유지될 수는 없다. 아픈 사람처럼 행동하기를 멈추지 않는 사람은 자신을 아픈 사람처럼 생각하기를 멈출 수 없다. 그리고 자신을 아픈 사람처럼 생각하기를 멈추지 못하는 사람은 아픈 사람이기를 멈출 수 없다.

외부적으로 건강한 사람처럼 행동하기 위한 첫 번째 조치는 내부적으로 건강한 사람처럼 행동하기 시작하는 것이다. 먼저 완벽한 건강 개념을 형성하라. 그 다음 완벽한 건강에 대해 생각하는 습관을 들여라. 이 행동을 완벽한 건강이 자신에게 분명한 의미를 띠기 시작할 때까지 계속하라. 강인하고 건강한 사람이 마땅히 할 행동들을 하는 자신의 모습을 상상하라. 그리고 그와 같은 방식으로 같은 행동을 자신도 할 수 있고 할 것이라는 신념을 가져라. 이를 건강 개념이 생생해 질 때까지, 그래서 그 건강 개념이 자신에게 의미있는 것이 될 때까지 지속하라.

이 책에서 말하는 건강 개념이 가리키는 것은 이

상적인 건강한 사람의 모습과 행동 방식이다. 자신이 건강과 연결되어 있다고 생각하라. 이를 자신이 어떻게 해야 완벽하게 건강한 사람처럼 보이고 행동하고 실천하고 살아갈지에 관한 개념이 형성될 때까지 지속하라. 자신이 건강과 일치를 이루고 있다고 생각하라. 이를 건강한 사람의 방식에 따라 항상 모든 일을 하고 있는 자신의 모습이 상상 속에서 그려질 때까지, 그러다가 건강이 자신에게 얼마나 의미 있는 것인지가 절절히 느껴질 때까지 지속하라.

앞 장에서 언급했듯 완벽하게 건강한 상태의 자신이 어떤 모습인지는 본 적이 없으므로 분명한 이미지로 떠올릴 수 없을지도 모른다. 하지만 자신이 건강한 사람처럼 행동한다는 개념은 그렇게 행동하는 건강한 사람이 주변에 없더라도 최소한 TV 드라마에서라도 본 적이 있을 것이므로 형성할 수 있다.

이렇게 그 개념을 형성하라. 그 다음으로는 완벽한 건강이 자신과 연결되어 있다는 생각, 그리고 가능한 한 다른 사람들과도 연결되어 있다는 생각만을 견지하라. 질환이나 질병에 대한 생각이 떠오르거든 떨쳐내라. 그런 생각은 마음에 들어오지 못하게 하라. 호기심을 갖지도 궁금해 하지도 말라. 건강을 생각하는 것, 즉 스스로 이미 건강하다고 생각하는 것으로써, 그리고 지금도 건강을 수혜 받고 있는 것에 대해 감사하는 마음으로 맞서라.

만약 질병의 암시가 잇따라 떠오른다면, 그래서 '곤란한 지경'에 처하게 된다면 감사 훈련으로 되돌아가는 것으로 대처하라. 자신을 절대자와 연결하라. 그가 당신에게 주는 완벽한 건강에 대해 감사하라. 그러면 곧 생각을 제어할 수 있게 될 것이고 생각하고자 원하는 것을 생각할 수 있게 될 것이다. 의심, 시험, 그리고 유혹의 시간에 감사 훈련은 언제나 당신이 휩쓸려 떠내려가지 않게 해 줄 버팀목이다.

무엇보다도 질병과는 심적 연관을 끊어내고 건강과는 전면적인 심적 관계로 들어서는 것이 가장 기본적인 일임을 명심하라. 이것이 모든 심적 치유의 열쇠이고 알파이자 오메가이다. 크리스천 사이언스가 거둔 대성공의 비결도 여기에 있다. 그 어떤 다른 조직적 실천 체계보다도 크리스천 사이언스에서는 새로 들어온 신자들에게 질병과의 모든 연관을 끊고 자신을 전적으로 건강과만 연결하라고 가르친다. 크리스천 사이언스의 치유력은 그 신학적 교리나 물질 세계의 부정에 있는 것이 아니다. 아픈 사람에게 질병은 실체가 아니므로 무시하고 실체인 건강을 신념을 가지고 받아들이도록 유도한다는 점에 있다. 이 방식이 실패한다면 그것은 방식이 잘못되어서가 아니라 실천하는 사람들이 특정 방식으로 생각하기는 하되 같은 방식으로 실천, 즉 먹고 마시고 숨 쉬고 잠을 자지는 않았기 때문이다.

일련의 말을 반복하기만 하는 것에는 치유력이 없지만 그 핵심 생각을 반복되는 말로 주문처럼 정식화해두면 편리할 때가 많다. 언제라도 반복해 말

할 수 있으므로 건강과는 반대의 암시를 주는 환경
에 처했을 때 언제라도 긍정적 확언처럼 사용할 수
있기 때문이다. 주변에서 질병이나 죽음에 관한 말
이 들리기 시작하면 귀를 닫고 마음속으로 다음과
같은 내용을 크게 외쳐라.

* * *

세상에는 단 하나의 근원물질이 있으며 나 자신
이 그 근원물질이다.

이 근원물질은 영원하며 그 자체가 생명인데 나
자신이 그 근원물질이므로 나 역시 영원한 생명이다.

근원물질은 질병을 알지 못하는데 나는 근원물질
이므로 나 역시 질병을 알지 못하는 건강이다.

* * *

건강에 관한 생각만을 하고 건강에 관한 생각만
을 유도하는 환경을 조성하는 데에 의지력을 사용하
라. 주위에 책이든 그림이든 그 무엇이든 죽음, 질병,
기형, 쇠약, 노쇠 등을 암시하는 것을 두지 말라. 건

강, 힘, 기쁨, 생명력, 젊음 등을 암시하는 것들만 두어라. 질병을 암시하는 책이나 기타 무엇과 맞닥뜨렸을 때는 그것에 주의를 주지 말라. 건강 개념과 감사만을 생각하고 앞서 설명한 대로 긍정적 확언을 하라. 건강에 대한 생각에 주의를 고정하는 데에 의지력을 사용하라.

이 점에 대해서는 나중에 다시 언급하겠지만 이 자리에서 분명히 하고자 하는 것은 건강만을 생각하고 건강만을 인식하며 건강에만 주의를 기울이라는 것이다. 그러려면 생각과 인식, 주의를 통제해야 하는데 그때 사용하는 것이 의지이다.

내부 기능이 건강하게 작동하도록 추동하는 데에 의지를 사용하지 말라. 건강에 대한 생각에만 주의를 기울여 주면 그것은 건강 원리가 알아서 할 일이다.

더 많은 생명력이나 힘을 달라고 무형의 근원물질을 추동하기 위해 의지를 사용하려고 해서도 안 된다. 무형의 근원물질은 이미 전력을 다해 우리를 돕고 있다.

적대적 상태나 힘을 제압하기 위해서 의지를 사용할 필요도 없다. 적대적인 힘이란 없고 우주에는 단 하나의 힘만 존재하는데 그 힘은 모두에게 우호적이기 때문이다. 바로 건강을 만들어내는 힘이다. 우주의 모든 것이 우리가 건강하기를 바란다. 질병에 관해 특정 방식으로 생각하는 우리 자신의 습관 외에 우리가 극복해야 할 것은 아무것도 없다. 그리고 그렇게 하는 유일한 방법은 바로 건강에 관해 또 다른 특정 방식으로 생각하는 습관을 들이는 것이다.

우리는 신체의 모든 내부 기능이 완벽하게 건강한 방식으로 작동하도록 추동할 수 있다. 바로 계속해서 특정 방식으로 생각하면서 동시에 역시 특정 방식으로 외부 기능들을 수행하는 것이다.

특정 방식으로 생각하는 것은 주의를 통제함으로써 가능하고 주의를 통제하는 것은 의지를 사용함으로써 가능하다.

그리고 사람은 무엇에 관해 생각할지를 결정할
수 있다.

제7장

신이 내린 건강

Health from God

이번 장에서는 사람이 어떻게 절대자로부터 건강을 받는지를 설명해 보겠다. 여기에서 말하는 절대자는 생각하는 근원물질이다. 모든 존재가 근원물질로부터 만들어지는데 이 근원물질은 그 모든 존재에 깃들어 안팎으로 넘나들면서 좀 더 완벽한 표현, 좀 더 충만한 생명을 추구한다. 이 지혜로운 근원물질은 완벽하게 유동적인 상태에서 모든 존재에 스며들어 투과해 있으며 모든 마음과도 연결된다.

이것은 모든 에너지와 힘의 원천으로서 스베덴보

리가 보았던 생명의 '유입'을 구성하며 모든 것에 생명력을 불어넣는다. 이것은 하나의 분명한 목적을 위해, 그 목적의 실현을 위해 작동한다. 그 목적이란 마음의 완벽한 표현을 향한 생명의 발전이다. 우리가 이 지혜로운 근원물질과 조화를 이룰 때 이 물질은 우리에게 건강과 지혜를 줄 수 있으며 또 기꺼이 주고자 한다. 우리가 좀 더 충만하게 사는 목적에 꾸준히 매진할 때 우리는 이 지혜로운 절대자와 조화를 이룰 수 있다.

지혜로운 절대자의 목적은 모든 존재가 가장 충만한 삶을 사는 것이다. 따라서 이 지혜로운 절대자가 우리를 위해 마련한 목적 역시 우리가 가장 충만한 삶을 사는 것이다. 만약 우리 자신의 목적도 가장 충만한 삶을 사는 것이면 우리는 이 절대자와 조화를 이룬 셈이다. 즉 우리는 절대자와 더불어 작업하는 것이며 절대자 역시 우리와 더불어 작업하는 것이 아닐 수 없다. 그러나 지혜로운 절대자는 모든 존재에 깃들어 있으므로 우리가 절대자와 조화를 이루고자 한다면 우리는 모든 존재와도 조화를 이뤄야 한다. 그렇다면 우리가 좀 더 충만한 삶을 욕망하는 것은 우리 자신만을 위해서가 아니라 모든 존재를 위해서여야 한다.

지혜로운 절대자와 조화를 이루는 것은 우리에게 두 가지 엄청난 이득을 가져다준다.

첫째, 우리는 지혜를 얻게 된다. 내가 말하는 지혜는 사실에 대한 지식이 아니다. 사실을 간파하고 이해하는 능력, 생명과 관련한 모든 일을 건전하게 판단하고 올바르게 행동하는 능력을 뜻한다. 지혜는 진리를 간파하는 힘이고 진리에 관한 지식을 최고로 활용하는 능력이다.

지혜는 노려야 할 최고의 목적과 그 목적을 획득하는 데 최적화된 수단을 동시에 간파하는 힘이기도 하다. 지혜가 있으면 평정심이 찾아들고 올바르게 생각하는 힘이 생긴다. 우리의 생각을 통제하고 안내하는 힘, 잘못된 생각으로부터 발생하는 어려움을 피하는 힘이다. 지혜가 있으면 우리는 각자의 필요를 충족해 줄 올바른 경로를 선택할 수 있게 된다. 즉 우리 자신을 모든 방면에서 제어하여 최상의 결과를 확보할 수 있게 된다. 우리가 하고자 원하는 것을 행하는 방법을 알게 된다.

그러므로 지혜로운 절대자의 기본 속성이 지혜임은 너무도 당연한 일이다. 모든 진리를 아는 절대자는 지혜로울 수밖에 없기 때문이다. 그렇다면 우리가 우리 마음을 그 절대자와 조화롭게 하고 통합하는 정도에 비례해 우리도 지혜를 얻게 된다는 것 역시 너무도 당연한 일임을 알 수 있다.

하지만 반복컨대 이 지혜로운 절대자는 모든 것인 동시에 모든 것에 깃들어 있다. 따라서 우리도 모든 것과 조화를 이룰 때에만 이 절대자의 지혜와 하나가 될 수 있다. 만약 어떤 것을 압박하거나 부당하게 대우하거나 혹은 그것에게 충만하지 못한 삶을 강제하는 뭔가가 우리의 욕망이나 목적에 내포되어 있다면 우리는 절대자로부터 지혜를 얻을 수 없다. 이에 더하여 우리 자신의 목적도 최상의 것이어야만 한다.

무슨 말인지 설명하겠다. 인간은 일반적으로 세 가지를 위해 산다. 몸의 만족, 정신의 만족, 그리고 영혼의 만족이다. 첫째, 몸의 만족은 음식이나 음료 혹은 기타 몸에 즐거운 감각을 주는 것들을 얻고자 하는 욕망을 만족시킴으로써 달성된다. 둘째, 정신의 만족은 지식을 얻고자 하는 욕망, 혹은 좋은 옷, 명성, 권력 등등을 얻고자 하는 욕망을 만족시키는 것처럼 정신에 즐거운 감각을 주는 것들을 행함으로써 달성된다. 셋째, 영혼의 만족은 자신을 돌보지 않는 이타적인 사랑의 본능에 길을 내어줌으로써 달성된다.

이 세 가지 모두가 어느 하나 과함이 없이 가장 완전하게 작동할 때 사람의 삶은 최고로 지혜롭고 완벽해진다. 몸의 만족만을 위해 돼지처럼 사는 사람은 지혜롭지 못하고 신과도 조화를 이루지 못한다. 정신의 차가운 즐거움만을 위해 사는 사람 역시 절대적으로 도덕적이라 할지라도 지혜롭지 못하고 신과도 조화를 이루지 못한다. 마지막으로 이타주의의 실천만을 위해 사는 사람, 즉 남을 위해 자신을 버리는 사람은 심지어 앞의 두 영역에서 과도하게 탐욕스러운 사람만큼이나 지혜롭지 못하고 신과도 조화를 이루지 못한다.

절대자와 충만한 조화를 이루기 위해서는 삶 자체가 목적이어야 한다. 다시 말해 몸과 정신, 영혼 모두에서 우리의 잠재력을 최대치로 발현하는 데까지 살아야 한다. 이는 앞의 세 가지 모두가 충만하게 작동하지만 과함이 없어야 함을 의미한다. 왜냐면 어느 하나의 과함은 나머지 것들의 결핍을 초래하기 때문이다. 건강을 바라는 욕망 뒤에는 좀 더 풍족한 삶을 바라는 욕망이 있다. 그리고 그런 우리의 욕망 뒤에는 인간을 통해 좀 더 충만하게 살고자 하는 무형의 지혜로운 근원물질의 욕망이 있다. 그래서 완전한 건강을 향해 나아가고 있을 때는 신체적, 정신적, 영적 모두에서 완벽한 삶을 이루려는 목적에 매진해야 한다. 세 영역 모두에서 발전하고 더욱 충만한 삶을 사는 것 말이다. 이 목적을 고수하고 놓치지 않는 한 지혜가 주어질 것이다.

"아버지의 뜻을 행하고자 하는 자는 알 것이다." (요한복음 7: 17)라고 예수가 말했다. 지혜는 사람이 얻을 수 있는 가장 바람직한 선물이다. 자신을 올바르게 다스릴 수 있게 돕기 때문이다.

그러나 지혜로운 절대자로부터 우리가 얻을 수 있는 것이 지혜만은 아니다. 신체적 에너지, 생명력, 생명의 추동력도 얻을 수 있다. 무형의 근원물질이 가지고 있는 에너지는 무한하며 모든 것에 스며들어 있어서 사람은 이미 저절로 그리고 본능적으로 이 에너지를 받아 마음껏 이용하고 있다. 나아가 영리하게 대처하면 훨씬 더 많이 이용할 수 있다. 사람이 가진 힘의 정도는 신이 의지한 결과가 아니다. 사람이 자신의 지력과 의지로 스스로 정한 것이다. 신은 우리에게 가지고 있는 모든 것을 준다. 그 무한한 힘의 공급을 얼마만큼 취할 것인가는 우리의 문제이다.

제임스[11] 교수는 사람의 힘에는 한계가 없는 것 같다고 말했다.[12] 사람의 힘이란 절대자의 마르지 않는 원천으로부터 나오는 것이기 때문이다.

달리기 선수는 기진맥진해져서 그 신체적 힘이 완전히 고갈된 것처럼 보이는 상태에서도 특정 방식으로 계속 달리면 '제2의 호흡'을 얻을 수 있다. 그의 힘은 마치 기적과도 같은 방식으로 재충전되며 그는 달리기를 지속할 수 있게 된다. 그리고 이 특정 방식으

---

11. 미국의 철학자이자 심리학자인 윌리엄 제임스(William James, 1842~1910)를 지칭하는 듯하다.

12. 윌리엄 제임스가 1907년에 발표한 The Energies of Men을 의미하는 듯하다. 다음의 웹페이지에는 The Energies of Men 전문이 실려있는데 본문에서 뒤이어 등장하는 제2의 호흡(second wind)에 관한 내용을 찾아볼 수 있다. http://psychclassics.yorku.ca/James/energies.htm

로 달리는 것을 계속하면 제3, 제4, 제5의 '호흡'을 얻는 것도 가능하다. 이 반복의 한계가 어디인지, 어디까지 재충전을 이어갈 수 있는지는 아무도 모른다.

이 재충전이 일어나는 조건은 선수가 새로운 호흡, 즉 힘이 올 것이라는 절대적 신념을 갖고 지속적으로 힘에 대해 생각하며 자신이 그 힘을 가지고 있기에 계속해서 달려야 한다는 완벽한 신념을 갖는 것이다. 만일 한 방울의 의심이라도 마음에 들어오도록 허락한다면 그는 지쳐 쓰러질 것이고 또한 힘이 들어올 수 있도록 기다린답시고 달리기를 멈추기라도 하면 그 힘은 결코 들어오지 않을 것이다.

힘이 재충전된다는 신념, 계속 달릴 수 있다는 신념, 계속 달리고야 말겠다는 확고한 목적의식, 그리고 이를 뒷받침하는 지속적인 행동은 선수를 에너지의 원천과 연결하여 새로운 힘을 공급하는 것으로 보인다.

이와 매우 유사한 방식이 건강에도 적용된다. 즉 건강에 대해 불굴의 신념을 가지고 있는 환자, 그의 목적의식이 그를 에너지의 원천과 조화를 이루게 하는 환자, 그리고 특정 방식으로 생명의 수의적 기능을 수행하는 환자는 그가 뭐든 필요로 하는 것에 충분한, 그리고 그의 질병의 치유에도 충분한 생명력을 얻게 될 것이다. 신은 사람을 통해 스스로 충만하게 살고 또 표현하고자 하므로 인간이 가장 풍족한 삶을 사는 데에 필요한 모든 것을 기꺼이 내어준다.

작용과 반작용의 힘은 서로 같다. 그래서 우리가 마음으로부터 절대자와 융화한다면 우리가 좀 더 충만하게 살고자 할 때 생명을 구성하는 힘이 우리 자신은 물론이거니와 우리의 주변에까지 집중하기 시작한다. 유일한 절대생명이 우리를 향해 움직이기 시작하고 우리의 주변이 그 생명력으로 넘치도록 충전되는 것이다. 이때 우리가 신념으로 그 생명력을 전유하면 그 생명력은 우리의 것이 된다. "무엇이든 원하는 대로 구하라. 다 그대로 이루어질 것이다."

(요한복음 15: 7) 아버지께서는 영혼을 나누심에 인색하지 않으시니 즐거운 마음으로 좋은 선물을 그대에게 내어 주신다.

제8장

마음 행동의 요약

Summary of the Mental Actions

이제는 건강해지는 과학적 방법을 실천하려면 어떻게 '마음 행동'을 하고 어떤 태도를 가져야 할지를 요약해 볼 차례이다.

첫째, 생각하는 근원물질로부터 모든 존재가 만들어지는데 이 근원물질은 그 원형 상태로 모든 우주 공간에 스며들어 투과하고 충만해 있음을 믿어야 한다. 이 근원물질은 모든 것의 생명이어서 그 모든 것에 깃든 생명을 좀 더 충만하게 표현하고자 한다. 그것은 우주에 존재하는 생명의 보편적 원리이자 인간에게 깃든 건강 원리이기도 하다.

사람은 이 근원물질의 한 형태이며 근원물질로부터 자신의 생명력을 얻는다. 사람의 정신적 몸이 곧 이 근원물질이며 역시 근원물질의 한 형태인 그의 신체적 몸 구석구석에 스며들어 있어서 이 정신적 몸의 생각이 신체적 몸의 기능을 제어한다. 그래서 사람이 완벽한 건강 외에 그 어떤 생각도 하지 않으면 그의 신체적 몸의 기능 역시 완벽하게 건강한 방식으로 기능한다.

그런데 만약 의식적으로 자신을 건강 그 자체와 연관 짓고자 한다면 우리의 목적은 우리 존재의 모든 측면에서 충만하게 사는 것이어야 한다. 신체, 정신, 그리고 영혼의 충만을 위해 삶에 존재하는 모든 것을 원해야 하는 것이다. 그렇게 할 때만이 우리는 존재하는 모든 생명과 융화를 이루게 될 것이다.

모든 존재와 의식적이고 지혜로운 융화를 이루는 사람은 절대생명으로부터 지속적인 생명력의 유입을 받을 것이다. 그런데 이 유입은 분노, 이기주의, 적대적 마음가짐에 의해 방해를 받는다. 그래서 만약 존재의 그 어떤 일부와도 대립하면 모든 존재와의 연관이 끊어진다. 생명력을 받기는 하겠으나 본능적이고 자동적인 것이지 지혜롭고 의도적인 생명력은 아니다. 존재의 그 어떤 일부와도 심적으로 대립하면 존재 전체와 완벽한 융화를 이룰 수는 없다는 것은 자명한 사실이다. 그러므로 예수도 말했듯 모든 사람, 모든 존재와 화합한 후에야 신께 경배해야 하는 것이다.(마태복음 5:23~24)

또한 우리 자신을 위해 원하는 모든 것을 다른 모든 사람을 위해서도 원해야 한다. 이에 관해서는 나의 전작인 〈부자가 되는 과학적 방법〉에서 경쟁 심리와 창조 심리에 관한 부분[13]을 읽어 보기 바란다. 건강을 잃은 사람이 경쟁 심리에서 벗어나지 못한다면 완

---

13. '5장. 삶의 증폭'에서 집중적으로 다뤄진다. 그러나 경쟁 심리와 창조 심리 관련 내용은 5장부터 마지막 17장까지 꾸준히 등장한다.

벽한 건강을 되찾을 수 있을지는 매우 의심스럽다.

창조 심리, 즉 모든 존재와 융화하는 선의의 심리를 갖게 된 이후 다음 단계는 우리 자신이 완벽한 건강 상태에 있다는 개념을 형성하고 이 개념과 충만한 조화를 이루지 못하는 생각은 그 어떤 생각이라도 뇌리에 들어오지 못하게 하는 것이다. 정신에서 건강에 대한 생각만을 하면 신체에서도 건강의 기능이 확립될 것이라는 신념을 가져라. 그리고 오직 건강만을 생각할 것임을 결의하는 의지를 다져라.

아프다거나 아플 것 같다는 식의 생각 자체를 하지 말라. 우리 자신과 질병을 연결시키는 것 자체를 하지 말라. 그리고 가능하다면 다른 사람들과 연관해서도 질병에 대한 모든 생각이 머릿속으로 들어오지 못하게 하라. 가능한 한 힘의 관념, 건강의 관념을 불러일으키는 사물들로 주위를 채워라.

건강에 대한 신념을 가지고 그 건강을 우리의 생활에 실제로 존재하는 사실로 받아들여라. 건강이란

'절대생명'이 우리에게 부여한 축복이라고 믿어라. 그리고 그에 대해 항상 깊이 감사하라. 그 축복에 대한 소유권을 신념을 가지고 당연한 권리로 인식하라. 그것이 이미 당신의 것임을 알고 그와 반대되는 생각은 절대 마음에 들이지 말라.

당신에 관해서든 다른 사람들에 관해서든 질병이라면 아주 사소한 무엇이라도 당신의 의식에 들어오지 않게 의지력을 사용해서라도 막으라. 질병을 공부하지도, 생각하지도, 언급하지도 말라. 언제든 질병에 대한 생각이 파고들 때는 완벽한 건강에 대한 감사의 기도를 올리는 마음 자세로 나아가라.

건강해지기 위해 필요한 마음의 행동이 무엇인지는 한 문장으로 요약할 수 있다. 당신 자신이 완벽한 건강 상태에 있다는 개념을 형성하고 그 개념과 조화를 이루는 생각들만 뇌리에 허용하라.

이 마음의 행동이 신념 및 감사, 그리고 진심으로 살고자 하는 목적의식과 결합하기만 하면 필요한 모든 것이 전부 충족된다. 제6장에서 기술한 내용을 제외하면 그 밖의 다른 마음 행동을 수행할 필요도 없다. 긍정의 방식이든 다른 어떤 방식이든 사람을 소모시키는 여타 '고난도 훈련들' 역시 마찬가지다.

이미 질병에 관한 생각의 영향을 받은 부위가 있다면 치유를 위해 거기에 마음을 집중할 필요도 없다. 그저 어떤 부위도 영향을 받지 않은 것으로 생각하는 편이 훨씬 낫다. 자기 암시로 자신을 '처치'할 필요도, 그 밖의 어떤 다른 방법으로 타인이 자신을 처치하도록 할 필요도 없다. 치유하는 힘은 여러분 내부에 깃든 건강 원리이다. 이 원리가 생산적인 행동으로 표출되기 위해 필요한 준비는 여러분 자신을 근원물질의 마음 그 자체와 융화하는 것, 근원물질의 건강 그 자체를 신념을 가지고 당연한 권리로 인식하는 것, 그리고 그 당연한 인식이 신체의 모든 기능에서 육체적으로 명백히 드러날 때까지 유지하는 것이다.

하지만 신념, 감사, 그리고 건강과 관련하여 이런 마음가짐을 유지하기 위해서는 외부적인 행동 역시 오직 건강에 해당하는 것이어야만 한다. 외부적 행동이 환자이거나 환자가 될 사람의 것을 지속하면서 건강한 사람의 마음가짐을 오래 유지할 수는 없는 노릇이다. 생각 하나하나가 건강의 생각이어야 할 뿐 아니라 행동 하나하나 역시 건강한 방식으로 수행되는 건강의 행동이어야 한다. 여러분이 모든 생각을 건강의 생각으로 만들고 모든 의식적 행동을 건강의 행동으로 만들고자 한다면 모든 내부의, 그리고 무의식의 기능 역시 건강한 것이어야 한다는 것은 논리적으로 당연한 귀결이다. 생명의 모든 힘이란 결국 끊임없이 건강을 지향하며 발휘되고 있는 까닭이다.

다음 장에서는 모든 행동을 건강의 행동으로 만들기 위해서는 어떻게 해야 하는지를 생각해 보자.

제9장

언제 먹을 것인가?

When to Eat

　　마음 행동 하나만으로, 혹은 무의식적인 즉 불수의적인 기능의 발휘 하나만으로 완벽하게 건강한 몸을 만들고 유지할 수는 없다. 직접적이고 즉각적으로 생명 자체의 영속과 관련되는 다소 자발적인 특정 행동들이 있다. 바로 먹고, 마시고, 숨을 쉬고, 잠을 자는 것이다.

　　생각이나 마음가짐이 어떻든 사람은 먹고 마시고 숨을 쉬고 잠을 자지 않으면 살 수 없다. 더욱이 부자연스럽거나 잘못된 방식으로 먹고 마시고 숨 쉬고 잔다면 건강할 수 없다. 그러므로 이런 수의적 기능들을 수행하는 올바른 방식을 배우는 것은 매우 중요하다. 가장 중요한 먹는 것으로부터 시작해서 그 올바른 방식들을 지금부터 제시하려는 이유다.

언제 먹고, 무엇을 먹으며, 어떻게 먹고, 얼마나 많이 먹어야 하는지에 관해서는 상충하는 말들이 허다하지만 그런 논란들은 모두 불필요하다. 올바른 방식은 찾기가 매우 쉽기 때문이다. 그게 건강이든, 부 wealth든, 행복이든 모든 성취를 지배하는 법칙을 고려하기만 하면 된다. 그 법칙이란 바로 지금 여러분이 있는 그 자리에서 당장 할 수 있는 일을 하라는 것이다. 모든 각각의 행동을 가능한 한 가장 완벽한 방식으로 수행하고 모든 개별 행동에 신념의 힘을 실으라는 것이다.

소화와 흡수의 과정은 인간 마음에 존재하는 어느 내부 영역의 관할과 통제 하에 있으며 그 영역을 일반적으로는 무의식의 정신이라고 부르기에 나 역시 이해의 편의를 위해 같은 용어를 사용할 것이다.

무의식의 정신은 생명의 모든 기능과 과정을 담당한다. 그래서 몸에서 더 많은 음식이 필요하면 무의식의 정신은 배고픔이라 불리는 감각을 일으켜서 그 사실을 알린다. 음식이 필요한데 신체적으로도 먹을 수 있는 상태면 배고픔이 나타난다. 배고픔이 나타난다면 먹을 시간이라는 뜻이다.

배고픔이 없을 때는 음식에 대한 필요가 겉으로 아무리 크게 나타나 보이더라도 먹는다는 것이 부자연스럽고 잘못인 때이다. 가령 야위어서 명백한 기아의 상태에 있을 때조차도 배고픔이 없다면 음식은 우리 몸에서 사용될 수 없음을 느끼는 분들이 있을 수 있고 그렇다면 음식을 먹는 것은 부자연스럽고 잘못된 일일 것이다. 며칠, 몇 주, 혹은 몇 달을 굶고 있는 상황임에도 배고픔이 없다면 음식이 우리 몸에서 사용될 수 없음을, 즉 섭취하더라도 그 음식을 우리 몸이 이용할 수 없음을 한 치의 의심 없이 확신하는 분들이 있을 수 있는 것이다.

음식이 필요할 때마다 소화하고 흡수할 힘이 있으면, 그래서 음식이 통상적으로 이용될 수 있으면 무의식의 정신은 그 사실을 확정된 배고픔으로 선언한다. 배고픔이 없을 때 섭취한 음식도 때로는 소화되고 흡수될 것이다. 왜냐면 자연은 자연의 의지에 반하여 부과된 임무조차 수행하기 위해 특별한 노력을 기울이기 때문이다. 그러나 배고픔이 없을 때에도 음식을 습관적으로 섭취하면 소화력은 마침내 망가지고 수많은 부작용들이 초래된다.

만약 앞의 진술이 사실이라면—의문의 여지없이 그렇지만—음식을 먹기에 자연스러운 때, 건강한 때는 배고픔을 느끼는 때이다. 이것은 자체 원리에 따라 자명한 진술이다. 즉 배고프지 않을 때 먹는 것은 결코 자연스럽거나 건강한 행동이 아니다.

그렇다면 언제 먹을 것인가라는 질문을 과학적으로 해결하는 것은 쉬운 일이다. 언제든 배고플 때 먹어라. 배고프지 않을 때는 절대 먹지 마라. 이는 자연에 대한 복종이므로 곧 신에 대한 복종이다.

하지만 여기에서 우리는 배고픔과 식욕의 구분을 명백히 하지 않으면 안 된다. 배고픔은 신체를 고치고 갱신하는 데, 그리고 내부의 체온을 유지하는 데 더 많은 물질이 필요하다는 무의식의 정신의 외침이다. 더 많은 물질에 대한 필요가 없으면, 그리고 물질이 위장으로 들어갔을 때 그 물질을 소화할 힘이 없으면 배고픔은 절대로 느껴지지 않는다.

식욕은 감각의 만족을 위한 욕망이다. 주정뱅이가 갖는 것은 술에 대한 욕구이지 배고픔이 아니다. 정상으로 음식을 먹은 사람이라면 캔디나 사탕에 대한 배고픔을 가질 수는 없다. 그런 음식을 향한 욕구가 있다면 그것은 식욕이다. 차나 커피, 풍미가 강한 음식, 혹은 뛰어난 요리사가 제공하는 다양한 맛의 장치들에 대한 배고픔을 가질 수는 없다. 저런 음식을 향한 욕망이 있다면 그것은 식욕 때문이지 배고픔 때문이 아니다. 배고픔은 새로운 세포들을 만드는 데 사용할 물질을 원하는 자연의 외침으로 자연은 이 목적에 합리적으로 이용될 수 없는 것은 결코 요구하지 않는다.

식욕은 대부분 습관의 일일 때가 많다. 특정 시간에 먹거나 마시는 사람, 특히 달거나 풍미가 강하거나 자극적인 맛의 음식을 섭취하는 사람에게는 그런 음식을 향한 욕망이 같은 시간에 규칙적으로 찾아온다. 그러나 음식을 향한 이러한 습관적 욕망을 배고픔으로 오인해서는 안 된다. 배고픔은 특정 시간에만 나타나지는 않는다. 배고픔은 작업이나 운동 등으로 세포가 충분히 파괴되어 새로운 원료 물질의 유입이 필요할 때에만 나타난다.

이를테면 전날에 충분히 음식을 섭취한 사람이 달게 잠을 자고 일어나자마자 진짜 배고픔을 느끼는 것은 불가능하다. 잠을 자는 동안 신체는 생명력으로 재충전되며 낮 동안 섭취된 음식의 소화 흡수가 완료된다. 그러므로 해당 사람이 굶주린 상태에서 침대에 든 것이 아닌 한 신체 시스템이 잠에서 깨자마자 즉각적으로 음식을 필요로 하지는 않는다.

자연식만큼은 아니지만 그에 대한 합리적인 접근 방식이라 할 수 있는 급식 시스템에서도 잠에서 깨자마자 이른 아침을 먹어야 할 정도로 진정한 배고픔을 느낄 수 있는 사람은 없다. 푹 자고 일어나자마자 즉각 정상적인, 즉 진정한 배고픔이 가능한 그런 일은 절대로 일어나지 않는다.

이른 아침의 식사란 늘 배고픔이 아니라 식욕습관을 만족시키기 위한 것이다. 당신이 누구든, 상태가 어떠하든, 얼마나 힘들게 일하는 사람이든, 얼마나 많이 일하는 사람이든, 굶주린 상태로 잠자리에 든 것이 아닌 한 침대에서 일어나자마자 배가 고플 수는 없다.

배고픔은 잠에 의해서 생기는 게 아니라 일에 의해서 생긴다. 그래서 당신이 누구든, 상태가 어떠하든, 당신의 일이 얼마나 힘들든 쉽든 아침을 먹지 않는 것이 올바른 방안이다. 이 방안은 모든 사람에게 두루 적용된다. 왜냐면 아침을 먹지 않는 것은 '배고픔이란 일을 해서 획득할 때까지는 생기지 않는다.'라는 보편적 법칙에 근거하고 있기 때문이다.

아침을 즐기며 아침이야말로 하루에서 '최고의 식사'인 사람 혹은 일이 너무 힘들어서 '빈속으로는 오전을 버티는 것'이 불가능하다고 믿는 사람 등 수많은 사람들이 이 방안에 반대할 것임을 안다. 그러나 그들의 주장 모두는 다음과 같은 사실 앞에 속절없이 무너진다.

그들은 애주가가 아침에 술 한 모금을 마시듯 아침을 즐기는데 이는 그 아침이 자연의 결핍을 채워 주기 때문이 아니라 습관적인 식욕을 만족시켜 주기 때문일 뿐이다. 아침이 그들에게 최고의 식사인 것은 아침 술 한 모금이 애주가에게 최고의 술인 것과 똑같은 이유에서다. 그래서 사실 그들은 아침을 먹지 않고도 오전을 버틸 수 있다. 왜냐면 이미 수많은 사람들이 모든 직업군에서 아침을 먹지 않고 오전을 보내고 있기 때문이고 그렇게 하는 것이 훨씬 더 좋기 때문이다. 따라서 만약 〈건강해지는 과학적 방법〉에 따라 살고자 한다면 배고픔이 느껴지기 전에는 결코 먹어서는 안 된다.

그런데 만약 일어나자마자 아침을 먹지 않는다면 첫 식사는 언제 해야 할까?

백에 아흔아홉의 경우 열두 시 즉 정오[14]면 충분하다. 정오는 일반적으로 가장 편리한 시간이기도 하다. 힘든 일을 하는 경우라면 정오쯤에 배가 부르도록 먹기에 충분한 배고픔을 느끼게 될 것이다. 일이 힘들지 않은 경우라면 적당한 양의 식사를 하기에 충분한 배고픔을 느끼게 될 것이다. 그러므로 정립

---

14. 와틀스는 기상 시간을 특정하지 않았기 때문에 정오라고 특정하는 것은 적절하지 않다. 가령 농경사회에서 여름에 새벽 4~5시 경 기상은 빈번한 일인데 첫 식사를 정오에 하게 되면 기상 후 7~8시간, 전날 밤 10시 취침을 가정할 때는 무려 14시간의 단식 상태가 된다. 배고픔이 정오 이전에 찾아오지 않을 수가 없는 것이다. 정오 특정이 배고플 때 먹을 때라는 와틀스의 원칙과 충돌할 수밖에 없는 이유다.

할 수 있는 최상의 보편적 규칙 즉 법칙은 만약 배가 고프게 된다면 하루의 최초 식사는 정오여야 하고 배고프지 않다면 배고프게 될 때까지 기다려야 한다는 것이다.

그렇다면 두 번째 식사는 언제 해야 할까? 두 번째 식사를 해야 할 배고픔을 느끼지 않는다면 그리고 진실로 획득한 배고픔이 아니라면 전혀 식사 할 필요가 없다. 만약 두 번째 식사를 해야 할 배고픔을 느낀다면 가장 편리한 시간에 하면 된다. 결코 진실로 획득한 배고픔을 느낄 때까지는 먹지 말라.

이런 방식으로 식사 시간을 정하는 이유를 온전히 알고자 하는 독자는 이 책의 서문에서 언급한 책자들을 참고하시면 최상의 정보를 얻으실 수 있다. 하지만 이미 앞의 내용만으로도 이 책 〈건강해지는 과학적 방법〉은 언제, 그리고 얼마나 자주 식사를 해야 하는가라는 질문에 대한 대답으로 충분하다는 것을 쉽게 알 수 있을 것이다. 그 답은 획득한 배고픔

을 느낄 때 먹을 것이며 그 외에 다른 때에는 절대
먹지 말라는 것이다.

제10장

무엇을 먹을 것인가?

What to Eat

현대 의학이나 위생학은 무엇을 먹어야 하는지에 대한 문제에 아무런 진전을 보이지 못하고 있다. 채식주의자와 육식주의자, 생식주의자와 화식주의자 사이의 다툼 등 다양한 이론을 가진 '학파'들의 난립은 끝이 없을 것처럼 보인다. 그리고 각각의 특별한 이론을 옹호하거나 반박하는 증거와 논박들이 산처럼 쌓여가는 것을 보면 우리가 이런 과학자들에게만 의지해서는 사람에게 가장 자연스러운 음식이 무엇인지는 절대 알 수 없으리라는 것이 명백하다.

그렇다면 이 모든 논쟁으로부터 벗어나 자연에게 질문을 던져 보자. 그럼 자연은 인간을 결코 답이 없는 상태로 방치한 적이 없음을 깨닫게 될 것이다.

식이요법 관련 과학자들이 저지르는 실수의 대다수는 인간에게 자연적인 상태가 무엇인지에 관한 전제를 잘못 설정한 데에서 나온다. 문명화와 심리발달은 비자연적인 것으로 간주되곤 한다. 도시 혹은 지방에서 현대적인 주택에 거주하는 사람, 현대적 직업군과 산업군에서 생계를 잇는 사람은 비자연적인 삶을 산다는 것이다. 유일한 '자연적' 인간은 벌거벗은 야만인이고 그 야만인 상태로부터 멀어질수록 우리는 자연에서도 멀어진다는 것이다.

이는 잘못이다. 각종 기예와 과학이 제공할 수 있는 모든 것을 누리는 사람이야말로 가장 자연스러운 삶을 살고 있는 사람이다. 왜냐면 그 사람이야말로 자신의 모든 재능과 관련하여 가장 완벽하게 살고 있는 사람이기 때문이다. 현대적 편의 시설과 홀

류한 환기 시설 등 설비가 잘 갖춰진 도시의 아파트에 사는 사람은 텅 빈 나무나 땅에 파여진 구덩이에서 사는 오스트레일리아의 어느 야만인보다 훨씬 더 자연스러운 인간의 삶을 산다.

사실 모든 것에 깃든 동시에 안팎으로 넘나드는 위대한 지혜는 무엇을 먹을 것인가라는 질문을 실질적으로 이미 해결해 놓고 있다. 자연의 일에 질서를 부여할 때 위대한 지혜는 인간의 음식은 그가 사는 지역에 따라야 한다고 결정했기 때문이다.

가령 북극에 가까운 얼어붙은 지역이라면 에너지원으로서의 음식이 필요하다. 이런 지역에서는 두뇌의 발달 정도가 크지 않고 세금을 내느라 삶이 혹독하지도 않다. 그래서 에스키모는 대부분 해양 동물의 지방과 기름을 먹고 산다. 그들에게 다른 식재료는 가능하지 않다. 먹고 싶은 마음이 있더라도 과일, 견과류, 채소 등은 확보할 수가 없고 확보할 수 있더라도 그 기후에서 그런 것들을 먹고는 살 수가 없다. 그러므로 채식주의자들이 어떤 주장을 하든 에스키모는 동물 지방을 섭취하는 삶을 지속하게 될 것이다.

다른 한편, 적도 지역을 향해 내려감에 따라 에너지원으로서의 음식의 필요가 줄어들고 그리하여 사람들도 자연스럽게 채식주의 식단에 가까워지는 것을 알 수 있다. 수많은 사람들이 쌀과 과일을 주로 먹으며 사는 이유이다. 만약 어느 에스키모 마을의 식단을 적도에서 그대로 따르는 사람이 있다면 얼마 못가 죽음을 맞게 될 것이다. 적도 지역에서의 '자연' 식단이 북극 인근에서라면 자연스러움과는 가장 거리가 먼 식단인 까닭이다.

의학이나 식이요업 '과학자'들의 간섭이 없다면, 각 지역 사람들은 모두에게 가장 충만한 삶을 주고자 하는 지혜 그 자체의 인도를 받아 완벽한 건강을 증진하기 위한 최고의 방법으로 자신을 먹일 것이다. 일반적으로 자연은 물론이고 인간 사회와 관습의 발전 속에서도 운행하시는 신은 무엇을 먹을 것인가에 관한 우리의 질문에 이미 답을 하셨음을 알 수 있다. 그러므로 나는 그 어떤 인간이 주는 대답보다 신이 주시는 대답을 우선적으로 취할 것을 조언한다.

온대지역은 사람에게 영적으로나 심적으로나 신체적으로나 가장 많은 것을 요구하는 지역이다. 자연이 가장 다양한 식재료를 제공하는 것도 이 지역임을 알 수 있다. 그러므로 대중은 무엇을 먹어야 하는가라는 질문에 관하여 이론을 구축하는 것은 참으로 쓸모 없고 무의미한 일이다. 왜냐면 그들에게는 선택권이 없기 때문이다. 대중은 그들이 사는 지역의 주식인 음식을 그냥 먹어야 한다. 모든 사람에게 견과류와 과일, 혹은 생으로 먹을 수 있는 음식 요법을 제공하는 것은 불가능하다. 그리고 이것이 불가능하다는 사실은 이런 것들은 자연이 의도한 음식이 아니라는, 의심할 여지없는 증거이다. 왜냐면 자연은 삶의 향상을 목적으로 형성된 것이기에 삶의 수

단의 획득을 불가능하게 만든 적이 없기 때문이다.

따라서 나는 무엇을 먹어야 하는가라는 질문에 이미 답이 제시되었다고 선언한다. 밀, 옥수수, 호밀, 귀리, 보리, 메밀을 먹어라. 채소를 먹어라. 고기, 과일을 먹어라. 세계 각지에서 대중들이 먹는 것을 먹어라. 왜냐면 이 문제와 관련하여 대중의 목소리는 신의 목소리이기 때문이다.

일반적으로 대중은 선택된 특정 식재료로 안내되어 왔다. 그리고 일반적으로 유사한 방법으로 그 식재료를 요리하도록 안내되어 왔다. 그러면 일반적으로 그들은 올바른 식재료를 확보했고 올바른 방법으로 그 식재료를 요리하고 있다고 믿어도 된다. 이 문제와 관련하여 일이 진행되는 경로는 신의 안내 하에 있지 않은 적이 없다. 널리 애용되는 식재료의 목록은 짧지 않으므로 거기에서 각자의 입맛에 맞는 것을 고르면 된다. 그렇게 한다면 다음 두 장에서 드러나듯 여러분은 실패할 수 없는 안내를 받고 있음을 깨닫게 될 것이다.

획득한 배고픔이 느껴질 때까지 먹지 않아 보면 자연스럽지 않거나 건강하지 않은 음식을 우리의 입맛이 요구하는 일은 없다는 것을 깨닫게 될 것이다. 아침 일곱 시부터 정오까지 쉼 없이 도끼질을 한 나무꾼은 크림빵이나 달달한 과자를 달라고 하지 않는다. 돼지고기와 콩 혹은 쇠고기 스테이크와 감자, 아니면 옥수수빵과 양배추를 요구한다. 간소하고 든든한 음식을 요구한다는 말이다. 그에게 호두 몇 알을 깨주거나 상추 한 접시를 줘 보라. 엄청난 경멸의 눈빛과 마주하게 될 것이다. 저런 음식은 노동자에게 자연스러운 음식이 아니기 때문이다.

나아가 이것들이 노동자에게 자연스러운 음식이 아니라면 다른 어떤 사람들에게도 자연스러운 음식이 아니다. 일을 해서 생기는 배고픔이야말로 유일한 진짜 배고픔이어서 그 배고픔을 해소하기 위해서는 나무꾼이든 은행원이든 남자든 여자든 아이든 똑같은 물질의 음식이 필요하기 때문이다.

음식을 고를 때는 먹는 사람의 직업에 맞게 극도로 신중을 기해야 한다는 생각은 잘못이다. 나무꾼은 '묵직하거나' '든든한' 음식을, 사무직원은 '가벼운' 음식을 요구한다는 것은 사실이 아니라는 말이다. 여러분이 사무직원이거나 두뇌를 사용하는 여타 노동자라면, 그리고 획득한 배고픔을 느낄 때까지는 먹지 않는 사람이라면 여러분은 나무꾼이 원하는 것과 정확히 똑같은 음식을 원하게 될 것이다. 여러분의 몸은 나무꾼의 몸과 정확히 동일한 물질로 만들어져 있어서 세포 구축을 위해서는 똑같은 물질을 요구하게 되어 있다. 그러므로 나무꾼에게는 햄과 달걀, 옥수수빵을 주고 여러분에게는 크래커와 토스트를 주는 것이 맞는가?

물론 나무꾼은 음식을 거의 다 근육에서 소비하고 여러분 대다수는 두뇌와 신경세포에서 소비하지만 두뇌와 신경 구축에 필요한 모든 영양소가 대부분 '가벼운' 음식에서 발견되는 것보다는 나무꾼의 식사에 훨씬 더 우월한 비율로 들어있다는 것 역시 사실이다. 세계 최고의 두뇌 작업은 노동자들이 먹는 것과 같은 음식을 기반으로 이뤄져 왔다. 세계 최고의 사상가들 역시 언제나 대중들이 흔히 먹는 간소하고 든든한 음식을 똑같이 먹고 살아왔다.

사무직원은 획득한 배고픔이 느껴질 때까지 먹지 말고 기다려라. 배고픔이 느껴지면, 그리고 만약 그때 햄, 달걀, 옥수수빵을 원하면 물론 먹어도 된다. 하지만 그렇더라도 나무꾼에게 필요한 양의 1/20도 필요하지 않다는 사실은 잊으면 안 된다.

두뇌를 사용해 일하는 사람들이 소화불량을 일으키는 것은 '기름진' 음식을 먹어서가 아니다. 근육을 사용해 일하는 사람들에게나 필요한 양을 먹어서이다. 소화불량은 배고픔을 해결하려고 먹는 경우에는 절대 나타나지 않는다. 식욕을 충족시키려고 먹는 경우에만 늘 초래된다. 만약 우리가 다음 장에서 소개될 방법에 따라 먹는다면 우리의 입맛은 곧 자연과 융화될 것이다. 그리하여 탈이 나지 않고는 먹을 수 없는 음식은 결코 원하지 않게 될 것이고 무엇을 먹어야 하나라는 골치 아픈 질문을 마음으로부터 영원히 털어버리고 원하는 것을 그냥 먹으면 되는 경지에 이를 수 있게 된다.

정말, 이것은 건강에 관한 생각만을 하려는 사람이라면 취해야 할 유일한 길이다. 어떤 음식을 먹는 것이 올바른지에 관하여 끊임없이 의심하고 불안한 생각이 들어서는 사람이 건강을 생각할 수 없기 때문이다.

"무엇을 먹을지 생각하지 말라."(마태복음 6:25)라고 예수도 말했다. 참으로 현명한 말씀이 아닐 수 없다. 평범한 중산층 혹은 노동자 계급 가족의 식탁에 오르는 음식이라면 무엇이든 우리가 올바른 때에 올바른 방법으로 먹는 한 우리의 몸에 완벽한 영향을 공급하기에 부족함이 없을 것이다. 몸이 고기를 원하면 고기를 먹으라. 몸이 고기를 원하지 않으면 고기를 먹지 말라. 이번에는 고기를 안 먹으니 고기를 대신할 뭔가 특별한 음식이 있어야 하지 않느냐고 넘겨짚지 말라. 어떤 식탁에서든 고기를 치워버린 후 식탁에 남아있는 것만으로도 완벽하게 건강하게 살 수 있다.

필요한 영양소를 모두 섭취하려면 '다양한' 음식을 먹어야 하지 않느냐고 걱정할 필요도 없다. 중국인과 힌두인은 몇 가지 안 되는 음식만으로도 훌륭한 신체와 뛰어난 두뇌를 모두 유지한다. 그나마 그런 음식조차 대부분은 쌀로 만든 것인데도 말이다. 스코틀랜드인은 귀리로 만든 케이크만 먹고도 신체적으로나 정신적으로나 강인하고 아일랜드인은 감자와 돼지고기만으로도 몸은 건장하고 두뇌는 명석하다. 가령 밀에는 두뇌와 신체 모두를 만들고 유지하기에 실질적으로 필요한 모든 것이 다 들어 있다. 또 뱃사람들이 흰 강낭콩 하나만 먹으면서도 탈 없이 아주 잘 살 수 있는 것도 같은 이유에서다.

여러분 자신을 위해 완벽한 건강이라는 개념을 형성하라. 건강에 관한 생각이 아니라면 그 어떤 생각도 붙들고 있지 말라.

획득한 배고픔이 느껴질 때까지는 절대 먹지 말라. 짧은 시간 동안 배고픔을 느끼는 것은 조금도 해가 되지 않음을 기억하라. 오히려 배고프지 않을 때 먹는 것은 분명히 여러분에게 해를 끼칠 것이다.

무엇을 먹어야 할지, 무엇을 먹지 말아야 할지에 관하여 조금의 생각도 하지 말라. 그저 여러분 앞에 차려진 음식을 먹으라. 그중에서도 여러분의 입맛에 가장 맞는 것을 먹으라. 다른 말로 하면 원하는 것을 먹으라. 올바른 방식으로 먹는 한 이렇게 먹어도 결과적으로는 똑같이 완벽한 건강을 얻게 된다. 그렇게 하는 올바른 방식이 무엇인지는 다음 장에서 설명하겠다.

제11장

어떻게 먹을 것인가?

How to Eat

사람에게는 음식을 씹는 것이 자연스럽다는 것은 확립된 사실이다. 사람도 개나 다른 낮은 단계의 동물처럼 음식을 씹지 말고 쑤셔 넣듯 먹어야 한다고 주장하는 극소수의 이색 식이요법론자들[15]이 있긴 하지만 이들의 말에 귀 기울이는 사람은 더는 없다. 사람이 음식을 씹어야 한다는 것은 우리 모두가 안다. 그리고 만약 음식을 씹는 것이 자연스럽다면 그 과정이 철저할수록 즉, 철저히 씹을수록 완벽한 자

---

15. Bolters 혹은 Gulpers라고 불리던 사람들이다.

연스러움에 가까워질 수밖에 없다.

매번 입안의 음식이 액체 상태가 될 때까지 씹는다면 무엇을 먹어야 할지에 관하여 조금도 신경을 쓸 필요가 없다. 그 어떤 흔한 음식으로부터도 충분한 영양소를 얻을 수 있기 때문이다. 이 철저히 씹는 과정이 번거롭고 고된 노역이 될지 아니면 매우 즐거운 과정이 될지는 식탁에 앉을 때 우리의 마음가짐에 달렸다.

만일 마음과 정신이 다른 일에 팔려 있거나 일이나 가정사에 근심 걱정이 있으면 음식의 일부를 제대로 씹지 않고 삼키는 일이 벌어지는 것을 막기는 불가능에 가깝다. 과학적으로 사는 방법을 배워서 일이나 가정사에 근심 걱정이 없게 하지 않으면 안 되는 이유인데 이는 실제로 누구나 해낼 수 있다. 그리고 식탁에 앉아 있는 동안에는 먹는 행위에 온전히 주의를 쏟는 방법 역시 배울 수 있다.

먹을 때는 눈앞의 음식으로부터 빼낼 수 있는 모

든 즐거움을 전부 빼내겠다는 목적 하나만을 가지고 먹으라. 마음에서 다른 모든 것을 쫓아내라. 음식을 다 먹을 때까지는 그 어떤 것도 음식과 그 음식의 맛으로부터 여러분의 주의를 끌어가지 못하게 하라. 즐겁고 긍정적인 마음으로 임하라. 이 책의 지침들을 따르면 여러분이 먹는 음식이 정확히 올바른 음식이고 여러분과도 완벽하게 '궁합이 맞다'는 것을 알게 될 것이다.

즐거움의 확신을 가지고 식탁에 앉으라. 적당량의 음식을 뜨라. 이때 어떤 음식이든 가장 끌리는 음식을 뜨라. 건강에 좋을 것이라는 생각 때문에 음식을 선택하지는 말라. 가장 맛있을 것 같은 음식을 고르라. 건강해지고 그 건강을 유지하고자 한다면 뭔가가 여러분의 건강에 좋기 때문에 행한다는 생각을 떨쳐버려야 한다. 하고자 원하기 때문에 그것을 해야 한다.

가장 원하는 음식을 고르라. 소화가 완벽하게 이

뤄지는 방식으로 음식을 먹는 방법을 배웠음을 신에게 감사하라. 그렇게 입을 적당히 채울 정도의 양으로 그 음식을 입에 넣으라.

씹는 행위에 주의를 기울이지 말라. 주의를 기울여야 할 것은 맛이다. 음식이 액체 상태에 이를 때까지 그 맛을 보고 음미하라. 이후 무심결에 삼켜지게 될 것이고 그러면 목구멍 아래로 넘기라. 아무리 오랜 시간이 걸리더라도 개의치 말라. 맛만을 생각하라. 다음으로 무엇을 먹을지 생각하면서 식탁 여기저기로 눈을 굴리지 말라. 음식이 부족해서 여러분의 몫을 확보하지 못하게 될까 걱정하지도 말라. 다음 음식의 맛을 기대하지도 말라. 당장 입 안에 든 음식의 맛에만 집중하라. 이렇게만 하면 된다.

방법을 배운 뒤에는, 그래서 음식을 씹지도 않고 삼키던 과거의 나쁜 습관을 극복한 뒤에는 과학적이고 건강에 좋은 먹기는 즐거운 과정이 된다. 먹는 동안에는 지나치게 많은 대화는 나누지 않는 것이 최선이다. 쾌활하라. 하지만 말이 많아서는 안 된다. 온전한 대화는 식사 후에 나누라.

대부분의 경우 올바른 먹는 습관의 형성을 위해서는 어느 정도 의지를 사용할 필요가 있다. 음식을 삼키지도 않고 넘기는 습관은 자연스러운 것이 아니다. 대부분의 경우 두려워서 그러는 것임은 의심의 여지가 없다. 음식을 강탈당할 것이라는 두려움, 좋은 것의 정당한 자기 몫을 얻지 못할 것이라는 두려움, 귀중한 시간을 잃을 것이라는 두려움, 이것들이 서둘러 먹게 되는 원인이다. 다음으로는 식사를 뒤이을 맛있는 후식에 대한 기대와 그 후식을 가능한 한 빨리 먹고자 하는 욕망이 있고 먹는 동안 먹는 행위에 집중하지 못하거나 마음을 다른 것에 빼앗기는 것이 뒤따른다. 이것들은 모두 극복해야 할 것들이다.

마음이 음식에 집중하지 못하고 떠돈다는 느낌이 들면 식사를 멈추라. 잠시 음식, 그리고 그 음식이 얼마나 맛있는지를 생각하라. 음식을 다 먹은 뒤에

이어질 완벽한 소화흡수에 대해서도 생각하라. 그리고 다시 음식으로 돌아가 먹기를 시작하라. 한 번의 식사를 할 동안 가령 20번이나 그래야 한다고 해도 매번 반복하라. 수주일이나 수개월 동안 매 식사 때마다 그래야 한다고 해도 매번 거듭 거듭 반복하라. 끈기를 갖고 지속한다면 음식이 거의 액체 상태가 될 때까지 씹는 이른바 '플레처 습관Fletcher habit'을 형성할 수 있다는 것은 전적으로 확실하다. 일단 플레처 습관을 형성하게 되면 여태까지 결코 몰랐던 건강한 기쁨을 경험하게 될 것이다.

이는 중요한 사항이어서 나로서는 독자 여러분의 뇌리에 철저히 각인될 때까지 반복하지 않을 수 없다. 식재료가 올바르고 완벽하게 준비되었다면 건강 원리는 사람에게 완벽하게 건강한 신체를 적극적으로 구축해 준다. 그리고 여기에서 내가 기술하는 것 외에 다른 방법으로는 식재료를 완벽하게 준비할 수가 없다.

완벽한 건강을 얻고자 한다면 여태 설명한 그 방식으로 먹어야 한다. 이는 누구나 할 수 있는 일로 그렇게 하는 것은 약간의 인내심만 있으면 된다. 음식을 제대로 씹지도 않고 삼키는 습관을 멈추는 것과 같은 극도로 단순한 일에서조차 자신을 통제하지 못한다면 마음의 다스림에 관하여 이야기하는 것이 무슨 소용이 있을까? 특히 맛을 느끼는 즐거움이 주는 온갖 도움을 받고 있으면서도 15분 혹은 20분 정도의 짧은 시간 동안 먹는 행위에 온전히 마음을 쏟을 수 없다면 집중에 관하여 이야기하는 것이 무슨 소용이 있을까? 그러니 실행하라. 그래서 해내라.

물론 경우에 따라 다르겠으나 몇 주 혹은 몇 달 정도면 과학적으로 먹는 습관이 생겨나 고정되는 것을 느끼게 될 것이다. 그러면 곧 심적 상태와 신체 상태 모두 현저히 좋아질 것이고 일단 그런 상태에 이르면 이제는 그 어떤 것도 과거의 나쁜 습관으로 돌아갈 유인이 되지는 못할 것이다.

여태 살펴본 것처럼 사람이 완벽한 건강에 대해서만 생각하면 그의 내부 기능 역시 완벽하게 건강한 방식으로 작동할 것이다. 그리고 건강에 관한 생각만을 하기 위해서는 수의적 기능들을 건강한 방식으로 수행해야만 한다는 것도 확인된다. 수의적 기능 중 가장 중요한 것으로는 먹는 것을 들 수 있는데 역시 내내 살펴본 것처럼 완벽하게 건강한 방식으로 먹는 것에 특별한 어려움은 없다. 이제 언제 먹고 무엇을 먹으며 어떻게 먹을 것인가에 관한 지금까지의 지침들을 그에 대한 이유와 함께 요약해 보고자 한다.

* * *

아무리 오래 음식 없이 지내고 있더라도 획득한 배고픔이 느껴지지 않는다면 결코 먹어서는 안 된다. 이는 신체 체계에서 음식을 필요로 할 때마다, 만약 음식을 소화할 힘이 있다면, 무의식의 정신이 배고픔이라는 감각을 통해 그 필요를 선언한다는 사실에 기반한다.

진짜 배고픔과 자연스럽지 않은 식욕에 의해 나타나는, 먹고 싶다는 지속적 안달을 반드시 구분해야 한다. 배고픔은 허약한 느낌, 어지러운 느낌, 위장에서 일어나는 안달 등을 동반하는 불쾌한 느낌이 절대 아니다. 배고픔은 음식을 기대하는 즐거운 욕망으로 대부분 위가 아니라 입과 목에서 느껴지는 감각이다. 배고픔은 특정 시간이 되었거나 혹은 일정한 시간 간격이 지났다고 나타나는 게 아니다. 무의식의 정신이 음식을 받아들여 소화하고 흡수할 준비가 되었을 때에만 나타난다.

여러분이 사는 지역에서 흔히 주식으로 소비되는 것들 중에서 선택한 음식인 한 원하는 것은 무엇이든 먹으라. 지혜로운 절대자는 사람이 이런 음식들을 선택하도록 내내 안내해 왔으며 그런 음식이라면 모두를 위해서 올바른 음식이다. 물론 나는 지금 배고픔을 충족하기 위해 섭취하는 음식을 말하는 것이지 그저 단순한 식욕, 혹은 이상 식욕을 만족시키기 위해 일부러 만들어진 음식을 말하는 것이 아니다.

대중이 배고픔을 해결하기 위해 흔히 주식으로 먹는 음식들을 이용하도록 여태 우리를 이끌어온 본능은 신이 내린 신성한 것이다. 신은 실수를 저지르는 일이 없다. 즉 우리가 이런 음식을 먹는다면 잘못되는 일은 결코 일어나지 않는다.

즐거운 확신을 가지고 먹으라. 한 입씩 먹을 때마다 음식의 맛에서 느껴지는 모든 즐거움을 놓치지말라. 입에 들어온 음식은 먹는 과정의 즐거움에만 계속 집중하면서 액체 상태가 되도록 씹으라. 이것이야말로 완벽하게 완전하고 성공적인 방식으로 먹는 유일한 방법이다. 그리고 뭔가가 완전히 성공적인 방식으로 이뤄질 때 그 보편적 결과가 실패로 나타날 수는 없다.

건강의 획득과 관련한 법칙은 부의 획득과 관련한 법칙과 동일하다. 모든 개별 행동을 그 자체로 성공이 되게 해내면 그 모든 행동의 총합 역시 성공이지 않을 도리가 없는 것이다. 이 책에서 여태 기술한 마음가짐과 방식으로 음식을 먹을 때 그 과정에 따로 추가할 것은 없다. 그 자체가 이미 완벽한 방식이요 성공적인 방식이다.

만약 음식 먹기가 성공적으로 이뤄지면 다음으로는 소화와 흡수, 그리고 건강한 신체의 구축의 시작까지 모두 성공적으로 이뤄진다. 다음으로는 필요한 음식의 양은 어느 정도일지를 다룬다.

제12장

배고픔과 식욕은 다르다

Hunger and Appetites

얼마나 먹어야 하는가라는 질문에 대해 올바른 답을 찾는 것은 매우 쉽다. 획득한 배고픔이 느껴지지 않으면 결코 먹어서는 안 되며 배고픔의 감소가 느껴지기 '시작하는' 즉시 먹기를 중단하는 것이다. 절대 허겁지겁 먹지 말라. 결코 포식하지도 말라. 배고픔의 충족이 느껴지기 시작할 때는 이미 충분히 먹은 상태임을 알라. 왜냐면 충분히 먹기 전까지는 배고픔의 느낌이 계속될 것이기 때문이다.

바로 앞 장의 지침대로 먹는다면 아마 평소 양의

절반을 먹기도 전에 만족감이 느껴지기 시작할 것이다. 그렇더라도 거기에서 먹기를 멈추라. 디저트가 아무리 맛있어 보이더라도, 파이나 푸딩의 유혹을 아무리 뿌리치기 힘들더라도 이미 먹은 음식들로 배고픔이 조금이라도 누그러졌다면 저런 후식은 한 입도 먹지 말라.

배고픔이 가시기 시작한 후에 먹는 음식은 그게 무엇이든 배고픔이 아니라 미각과 식욕을 만족시키기 위한 것이어서 자연이 요구하는 것이 아니다. 그러므로 그런 음식은 과잉이고 그저 욕망에 굴복한 결과여서 해를 끼치지 않을 수 없다.

이 점은 분별력을 발휘해 주의 깊게 살펴볼 필요가 있다. 순전히 미각의 만족을 위해 먹는 습관은 우리 대다수에 매우 깊게 뿌리를 내리고 있기 때문이다. 달콤한 음식, 입맛 당기는 음식으로 구성되는 통상의 '디저트'는 배고픔이 해결된 뒤에도 사람들을 먹게 만들려는 목적 하나로 마련되는 것으로 먹어봐야 결과적으로 좋은 것은 하나도 없다.

파이나 케이크와 같은 디저트가 건강에 해로운 음식이어서가 아니다. 이런 음식도 식욕을 만족시키기 위해서가 아니라 배고픔을 해결하기 위해 먹는다면 보통은 완벽하게 건강한 음식이다. 만약 파이, 케이크, 페이스트리, 푸딩과 같은 음식을 먹고 싶으면 식사를 이런 음식으로 시작하되 좀 더 간소하고 맛이 강하지 않은 음식으로 마무리하면 된다. 하지만 앞 장에 나온 지침대로 먹다 보면 가장 간소한 음식이 왕의 음식처럼 맛있게 느껴지는 날이 조만간 오게 될 것이다. 사람의 다른 감각들과 마찬가지로 미각도 신체 상태가 좋아지면 그만큼 예민해지기에 평소에 먹던 것들에서 새로운 즐거움을 발견하게 되는 것이다.

제아무리 대식가여도 배고픔을 해결하려는 목적만으로 음식을 먹는 사람, 즉 매 한 입에서 뽑아낼 수 있는 모든 것을 뽑아내며 배고픔의 날이 무뎌지는 것을 느끼는 순간 먹기를 그만 두는 사람처럼 식사를 진정으로 즐기게 되지는 못한다. 배고픔이 줄어든다는 첫 번째 느낌은 무의식의 정신으로부터 나오는, 이제 먹기를 그만 둘 시간이라는 신호이다.

이 생활 습관을 들이게 되면 보통 사람들은 우리 몸이 완벽한 상태로 유지되는 데 진정으로 필요한 음식의 양이 얼마나 적은지를 알고 깜짝 놀라게 될 것이다. 그 음식의 양을 결정하는 것은 일work이다. 세부 내역을 보면 얼마나 많은 근육의 움직임이 있는가, 그리고 일을 하는 사람이 추위에 얼마나 오래 노출되는가이다.

겨울에 숲에 들어가 온종일 도끼질을 하는 나무꾼은 제대로 차린 식사로 두 끼 정도가 필요하다. 반면에 따뜻한 방에서 온종일 의자에 앉아 일하는 두뇌 노동자는 이 식사의 1/3, 때로는 1/10만큼도 필요하지 않다. 그런데 대다수 나무꾼은 저 적정량의 두 배 내지는 세 배의 식사를 하며 대다수 두뇌 노동자는 자연적으로 필요한 양의 최소 세 배에서 최대 열 배까지의 식사를 한다. 소화 흡수 과정에서 이 엄청난 양의 여분의 쓰레기를 제거하는 것은 생명력에 부담으로 작용하고 이는 시간이 흐를수록 사람들의 에너지를 감소시켜 질병에 좀 더 쉽게 걸리도록 만든다. 음식의 맛으로부터 뽑아낼 수 있는 모든 즐거움을 다 뽑아내라. 하지만 그저 맛있다는 이유만으로는 어떤 음식도 절대 먹지 말라. 그리고 배고픔이 줄어드는 것을 느끼는 순간 먹기를 중단하라.

잠시만 숙고해 봐도 이 책의 지침을 받아들이는 것 외에 다양한 음식 관련 의문들을 해결할 다른 방법은 없다는 것을 깨닫게 될 것이다. 음식을 먹기에 적당한 시간을 정하는 문제에 관해서는 획득한 배고픔을 느낄 때마다 먹으라고 말하는 것 외에 다른 방법은 없다. 그때가 올바른 시간이고 그 외의 다른 시간은 먹기에 부적절한 시간이라는 것은 그 자체로 자명하다.

무엇을 먹을까에 관해서는 영원한 지혜가 이미 오래 전부터 결정한 바가 있으니 사람들 대다수는 그들이 살고 있는 지역에서 주로 나는 산물을 먹어야 한다는 것이다. 여러분이 사는 특정 지역에서 주로 나는 산물은 여러분에게 올바른 음식이다.

인간 대중의 마음속에서, 그리고 그 마음을 넘나들며 작용하는 영원한 지혜는 요리를 비롯한 여러 방법을 이용해 그 음식들을 최상으로 준비하는 방법 역시 사람들에게 오래 전부터 가르쳐 오고 있다. 그리고 어떻게 먹어야 할지에 관해서라면 음식을 씹어야 한다는 점을 우리는 이미 안다. 그리고 음식을 씹어야 한다면 논리적으로 그 씹기가 좀 더 철저하고 완벽할수록 낫다는 것도 자명하다.

누차 언급하듯 그 어떤 분야에서의 성공도 모든 개별 행동 각각이 성공이 되도록 하는 것에 의해 달성된다. 아무리 보잘것없고 중요하지 않더라도 각 행동을 모두 철저히 성공적인 행동으로 만들면 하루

전체의 일 역시 실패로 귀결될 수가 없다. 이렇게 매일의 행동을 성공으로 이끈다면 인생의 총합 역시 실패가 될 수는 없다.

큰 성공은 많은 수의 작은 일들을 완벽하게 성공적인 방식으로 해낸 결과이다. 만약 모든 생각이 건강한 생각이고 인생에서 행하는 모든 행동이 건강한 방식으로 수행된다면 조만간 완벽한 건강에 이르지 않을 도리가 없는 것이다. 매 한 입의 음식을, 그 맛을 온전히 즐기면서, 또한 내내 즐거운 확신을 가지고 액체 상태가 되도록 씹는 것보다 생명의 법칙에 더 잘 부합하는 방식으로 먹는 행위를 좀 더 성공적으로 수행할 수 있는 다른 방법을 고안하는 것은 불가능하다. 그 어떤 것을 더하더라도 이 과정은 좀 더 성공적인 것이 될 수 없고 또 뭔가를 빼면 전체 과정은 완벽하게 건강한 것이 되지 못할 것이다.

먹는 양에 대해서도 이 책에 나온 것, 즉 배고픔이 사그라지기 시작함을 느끼는 즉시 먹기를 멈추는 것만큼이나 자연에 부합하고 안전하며 믿을 만한 길잡이는 없다. 무의식의 정신은 음식이 필요한 때를 우리에게 알려주는 믿을 만한 암묵적 지표이므로 그 필요가 충족된 때를 암묵적으로 알 수 있는 지표로도 신뢰할 만하다. 만약 모든 음식을 배고픔 때문에만 먹고 미각의 충족만을 위해서는 먹지 않으면 과식을 하는 일은 결코 일어나지 않을 것이다. 같은 원리로 만약 획득한 배고픔이 느껴질 때마다 먹으면 부족하게 먹는 일 역시 일어나지 않을 것이다.

다음 장에 마련해둔 요약을 주의 깊게 읽어 보면 완벽하게 건강한 방식으로 먹기 위해 지켜야 할 것들이 실제로는 매우 적으며 단순하다는 것을 알게 될 것이다.

자연 친화적인 방식으로 물을 마시는 일과 관련해서는 여기에서 몇 마디 말로 갈음할 수 있다. 정확하고 엄격하게 과학적으로 마시고자 한다면 물 말고는 아무것도 마시지 말라. 그리고 갈증이 느껴질 때만 마셔라. 갈증이 날 때마다 마시되 갈증이 사그라지는 순간 마시기를 멈추라. 하지만 먹는 것과 관련하여 이미 올바르게 살고 있다면 마시는 일에서까지 금욕주의나 엄격한 자기부정을 실천할 필요는 없다.

가끔 연한 커피를 한 잔씩 마시는 정도는 별다른 해가 없다. 적정선을 지키는 한 주변 사람들의 통상적인 생활 방식에 보조를 맞추는 것은 괜찮다. 탄산수를 입에 달고 사는 습관은 안 된다. 달콤한 음료로 미각을 만족시키려는 목적만으로는 마시지 말라. 대신 갈증이 느껴질 때는 언제든 반드시 물을 마셔라.

갈증이 미미하다고 물 마시는 일에 관심을 두지 않거나 너무 꾸물거리지 말라. 바쁘다는 핑계로 아예 물을 안 마셔도 안 된다. 이 규칙만 따르면 자연적이지 않은, 이상한 수분 섭취를 하게 되는 일은 거의 없을 것이다. 오직 갈증을 달래기 위해서만 물을 마셔라. 갈증이 느껴질 때는 언제든 마셔라. 갈증이 사그라지는 게 느껴지면 즉시 물마시기를 멈춰라.

이것이야말로 내부 작용에 필요한 액체 물질을 신체에 공급하는 완벽하게 건강한 방법이다.

제13장

먹기의 요약

In a Nutshell

  우주의 모든 공간에 스며들어 투과하고 충만해 있어서 모든 것에 깃들어 가득한 동시에 그 안팎으로도 통하는 우주 생명이 있다. 이 생명은 그저 단순한 진동이나 에너지의 형태가 아니다. 살아있는 근원물질이다. 모든 것이 근원물질로 만들어지기에 이 근원물질은 곧 모든 것이고 모든 것에 깃들어 있다.

  이 근원물질은 생각을 한다. 그리고 그 생각의 형태를 스스로 띤다. 이 근원물질 내에 존재하는 어떤 형태에 대한 생각은 그 형태의 창조로 이어지는 것이다. 어떤 움직임에 대한 생각 역시 그 움직임을 일으킨다. 모든 형태와 모든 움직임을 갖고 있는 보이는 우주는 그것이 근원물질의 생각에 존재하기에 존재하는 것이다.

사람도 근원물질의 한 형태로 최초 생각을 발현할 수 있다. 그리고 사람의 내부에서 그의 생각은 통제력 혹은 형성력을 갖는다. 어떤 상태에 관한 생각은 그 상태를 생산한다. 어떤 움직임에 관한 생각은 그 움직임을 생성해낸다. 사람이 질병의 상태와 움직임을 생각하는 시간만큼 질병의 상태와 움직임이 그 사람의 내부에 존재하게 된다. 사람이 완벽한 건강만을 생각하면 그에게 깃든 건강 원리는 정상 상태를 유지할 것이다.

건강하려면 사람은 완벽한 건강에 관한 개념을 형성해야 한다. 그리고 그 개념과 융합을 이룬 생각을 자기 자신과 모든 사물에 관하여 지속해서 유지해야 한다. 오직 건강한 상태와 기능만을 생각해야

한다. 어느 때라도 건강하지 못한 생각, 이상한 상태
나 기능에 관한 생각이 마음속에 자리 잡게 놔둬서
는 안 된다.

건강한 상태와 기능만을 생각하기 위해서는 생명
의 수의적 기능을 완벽하게 건강한 방식으로 수행해
야 한다. 사람은 자신이 건강하지 못하고 잘못된 방
식으로 살고 있음을 아는 한, 혹은 자신이 건강한 방
식으로 살고 있는지에 대한 확신이 없는 한 완벽한
건강을 생각할 수 없다. 사람은 자신의 수의적 기능
이 병자의 방식으로 수행되는 동안에는 완벽한 건강
을 생각할 수 없다. 생명의 수의적 기능이란 먹고 마
시고 숨 쉬고 잠을 자는 등의 기능이다. 건강한 상태
와 기능만을 생각하고 완벽하게 건강한 방식으로 이
외부 기능들을 수행하는 사람이 완벽한 건강을 갖지
않을 도리가 없다.

사람은 배고픔을 지침으로 삼고 먹는 법을 배워
야 한다. 먼저 배고픔과 식욕의 구분법을 배워야 한

다. 또한 배고픔과 습관적 탐식욕도 구분할 수 있어야 한다. 획득한 배고픔이 느껴지지 않는다면 절대로 먹어서는 안 된다. 자연스러운 수면 직후에는 진짜 배고픔이 결코 나타나지 않으며 이른 아침 식사를 하려는 것은 순전히 습관과 식욕의 일이기에 자연 법칙을 위배하면서 먹는 것으로 하루를 시작해서는 안 된다는 것을 배워야 한다. 획득한 배고픔이 느껴질 때까지 기다려야 하는데 그렇게 하면 대부분의 경우 하루의 첫 끼니는 정오쯤에 하게 될 것이다.

몸 상태가 어떻든, 직업이 무엇이든, 상황이 어떠하든 획득한 배고픔이 느껴지기 전에는 먹지 않는 것을 철칙으로 삼아야 한다. 배고픔이 느껴진 이후 몇 시간 음식을 먹지 못하게 되더라도 배고픔이 느껴지기도 전에 먹는 것보다 여전히 훨씬 더 낫다는 것을 잊지 말라. 열심히 일을 하고 있더라도 몇 시간 정도 배고픈 상태로 있는 것은 몸에 해가 없지만 일을 하는 중이든 아니든 배고프지도 않은데 위장을

음식으로 채우는 것은 몸에 해가 된다. 획득한 배고
픔이 느껴질 때까지 음식을 먹지 않으면 음식을 먹
는 때에 관한 한 완벽하게 건강한 방식을 실천 중임
을 확신해도 좋다. 이는 자체 원리에 따라 자명한 진
술이다.

무엇을 먹을까에 관해서는 영원한 지혜의 지침을
따라야 한다. 즉 지구상의 어느 지역이든 그곳에 사
는 사람들은 자신들이 거주하는 지역에서 나는 주
산물을 먹고 살아야 한다는 것이다. 이 신의 가르침
에 대해서 신념을 가져라. 다른 모든 종류의 '식품
과학'은 무시하라. 날것과 익힌 음식, 채소와 고기의
상대적 장점, 탄수화물이냐 단백질이냐 등의 논란에
조금의 주의도 기울이지 말라. 획득한 배고픔이 느
껴질 때만 먹으라. 거주하는 지역에서 사람들 대다
수가 통상적으로 먹는 음식을 먹으라.

나아가 그 결과가 좋을 것임을 완벽한 신념을 가
지고 믿으라. 결과는 좋을 것이기 때문이다. 비싼 음

식, 수입 음식, 혹은 미각을 유혹하기 위해 마련된 음식을 구하지 말라. 간소하고 든든한 음식을 고수하라. 그런 음식들이 '맛이 없을 때'는 맛이 있게 될 때까지 금식하라. '가벼운' 음식, 즉 소화하기 쉬운 음식이나 '건강한' 음식을 구하지 말라. 농부와 노동자가 먹는 음식을 먹으라. 그러면 무엇을 먹을까에 관해서는 완벽하게 건강한 방식을 실천하게 될 것이다. 반복하는데 간소한 음식을 보고서는 배고픔도, 식욕도 느껴지지 않는다면 아무것도 먹지 말라. 배고픔이 생길 때까지 기다려라. 가장 간소한 음식이 맛있겠다고 느껴질 때까지 먹지 말고 있어라. 그 이후에 가장 좋아하는 음식으로 식사를 하기 시작하라.

어떻게 먹을까를 결정하는 문제에 관해서는 영원한 지혜의 지침을 따라야 한다. 일을 하고 업무를 보다가 판단 착오라도 내리게 되면 평소와는 비교도 안 될 정도로 걱정이 쌓이고 서두르게 되는데 이로 인해 음식을 거의 씹지도 않고 허겁지겁 먹는 습관이 생길 수 있다.

합리적인 이성은 음식은 씹어야 하며 더욱 철저히 씹을수록 소화 화학 작용에 더 잘 대비된다고 말한다. 더욱이 다른 일에 마음을 빼앗기지 않고 온전히 먹는 과정에 집중하면서 천천히 먹고 음식이 거의 액체가 될 때까지 씹는 사람은 정신이 딴 데 팔려 음식을 삼키지도 않고 쑤셔넣는 사람보다 맛을 음미하는 기쁨을 훨씬 더 많이 누린다. 완벽하게 건강한 방식으로 먹으려면 기분 좋은 확신을 가지고 즐기면서 먹는 행위에 온전히 집중해야 한다.

음식의 맛을 음미하고 매 한 입을 액체 상태가 될 때까지 씹은 뒤에 삼켜야 한다. 앞의 지침을 따른다면 먹는 행위의 기능이 100% 완벽해지기에 무엇을 언제 어떻게 먹을지에 관하여 일점일획도 더 추가할 것이 없게 된다.

얼마나 많이 먹을지에 관해서도 여태 우리를 이끌어 오면서 음식이 필요한 때를 알려줬던 내부의 영원한 지혜, 즉 건강 원리의 지침을 따르면 된다. 사람은 배고픔이 사그라지는 것을 느끼는 순간 먹기를 중단해야 한다. 이 지점을 넘었는데도 식욕을 만족시키기 위해 먹어서는 안 된다. 음식을 요구하는 내부의 수요가 멈추는 순간 먹기를 중단한다면 과식을 하는 일은 결코 일어나지 않을 것이고 신체에 음식을 공급하는 기능은 완벽하게 건강한 방식으로 수행될 것이다.

자연 친화적으로 먹기란 이처럼 매우 간단하다. 여태 말한 것 중 누구나 쉽게 실천할 수 없는 것은 아무것도 없다. 이 방법은 실천하기만 하면 소화와 흡수가 완벽하게 일어나며 실패의 가능성은 없기에 먹는 것과 관련해서는 모든 걱정과 염려를 즉시 마음에서 떨쳐내 버릴 수 있다. 획득한 배고픔이 느껴질 때마다 앞에 차려진 음식에 감사하면서 먹으라. 매 한 입이 액체가 될 때까지 씹을 것이며 배고픔의 날이 무뎌지는 것이 느껴지면 먹기를 멈추라.

마음가짐은 너무나 중요하므로 이쯤에서 몇 마디 추가하지 않을 수 없다. 다른 모든 때도 그렇지만 먹는 동안에는 건강한 상태와 정상적인 신체 기능만을 생각하라. 음식을 즐겨라. 식탁에서 대화를 하게 된다면 음식의 좋은 점, 음식이 주는 즐거움에 대해서 이야기하라. 이런 저런 것이 마음에 들지 않는다는 말은 하지 말라. 좋은 점들에 대해서만 말하라. 음식이 건강에 좋은지 좋지 않은지에 대해서도 절대 말하지 말라. 건강에 좋지 않다는 것 자체를 아예 언급하지도, 생각하지도 말라. 식탁 위에 마음에 들지 않는 것이 있더라도 그냥 조용히 넘어가거나 오히려 칭찬을 한 마디 하라. 절대 비판하지 말고 이의를 제기하지도 말라.

올곧은 마음을 가지고 기쁘게 음식을 먹으라. 신을 찬양하고 감사하라. 끈기를 먹기의 좌우명으로 삼으라. 급하게 먹는 과거의 습관이 되살아나려 하고 그릇된 생각과 말이 튀어나오려 할 때마다 즉각 먹기를 중단하고 마음을 가다듬어라. 그 뒤에야 다시 먹기 시작하라.

결국 가장 중요한 것은 자기 제어력, 자기 주도력이 있는 사람이 되는 것이다. 식사 태도 및 방법과 같은 단순하고 기본적인 일에서조차 자신을 다스릴 수 없다면 다른 일에서 자신을 다스릴 수 있는 사람이 되기란 바랄 수조차 없는 일이 되고 만다. 이 영역에서 자신을 통제할 수 없다면 장차 가치 있는 어떤 일에서도 자신을 통제할 수 없다.

한편, 지금까지 언급된 지침들을 수행해내는 사람이라면 올바르게 생각하기와 올바르게 식사하기의 문제에 관한 한 완벽하게 과학적인 방법으로 살고 있다고 확신해도 좋다. 또한 뒤이을 장들에서 나올 내용을 실천해내는 사람이라면 조만간 신체가 완벽한 건강 상태로 변할 것이라는 점 역시 확신해도 좋다.

제14장

숨 쉬는 법

Breathing

숨 쉬기 기능은 생명의 유지와 즉각적인 관련이 있기에 필수불가결하다. 사람은 잠을 자지 않아도 제법 오랜 시간을 버틸 수 있고 먹거나 마시지 않아도 며칠을 살 수 있지만 숨을 쉬지 않으면 단 몇 분만에 목숨을 잃는다.

사람은 무의식적으로 숨을 쉬지만 숨을 쉬는 방식과 건강한 숨 쉬기에 적합한 상태를 만드는 것은 의식의 영역에 속한다. 즉 사람은 무의식적으로 계속 숨을 쉬겠지만 무엇을 숨 쉴지, 얼마나 깊고 철저하게 숨 쉴지는 의식적으로 정할 수 있다. 그리고 숨 쉬기 기능의 완벽한 수행이 가능하도록 자신의 신체 메커니즘을 유지하는 것 역시 의식의 일이다.

완벽하게 건강한 방식으로 숨을 쉬고자 한다면 그 행위에 사용되는 신체라는 기계가 훌륭한 상태로 유지되어야 한다는 것은 자명하다. 허리는 알맞게 똑바로 펴고 가슴의 근육은 유연하면서도 자유롭게 움직여야 한다. 어깨가 앞으로 많이 구부정한 상태로 가슴에 공간이 생기면서 경직된 자세로는 올바른 방식으로 숨을 쉴 수 없다. 앉거나 서서 일을 할 때 몸이 살짝 앞으로 구부정해지는 자세는 가슴 앞에 공간을 만들어내는 경향이 있다. 무겁든 가볍든 무게 있는 것을 들어 올릴 때와 비슷하다.

일을 할 때는 그게 무슨 종류의 일이든 어깨가 앞쪽으로 나오고 척추는 휘며 가슴은 평평해지는 모양새가 된다. 그리고 만약 가슴이 평평해지면 완전하고 깊은 호흡은 불가능해지고 그에 따라 완벽한 건강도 물 건너간다.

일을 할 때 몸이 구부정해지면서 생기는 영향을 상쇄하기 위해 다양한 체조식 운동들이 고안되었다. 실내에 설치하는 철봉에 손으로 매달리거나 의자에 앉아서 무거운 가구와 같은 것 아래에 발을 넣고 머리가 방바닥에 닿을 때까지 몸을 뒤로 젖히는 것 등이 그것이다.

이런 운동들은 나름대로 충분히 훌륭하지만 문제는 신체에 실질적인 향상이 있을 정도로 오래, 규칙적으로 수행하는 사람은 거의 없다는 것이다. '건강을 목적으로 하는 운동'을 실시하는 것은 그 운동이 어떤 종류이든 부담이 되고 꼭 필요하지도 않다. 좀 더 자연 친화적이고 간단하며 효과도 훨씬 뛰어난 방법이 있다.

그 간단한 방법은 자세를 바르게 하고 깊게 숨을 쉬는 것이다. 자신이 완벽하게 자세가 올바른 사람이라는 개념을 마음속에 잡으라. 그래서 자세 문제가 뇌리에 떠오를 때마다 즉시 가슴을 펴고 어깨는 뒤로 젖혀 자세를 올바르게 하라. 이렇게 할 때마다 폐가 최대 용량으로 채워질 때까지 천천히 숨을 들이마셔라. 마실 수 있는 모든 공기로 가득 채워라. 그리고 그 공기를 폐에 잠시 머금은 상태에서 어깨를 더 뒤로 젖히고 가슴은 펴라. 동시에 어깨 사이로 척추를 앞으로 당겨라. 그 다음 공기를 편안하게 내쉬어라. 이는 가슴의 용량을 최대로 확장하면서도 유연하고 좋은 상태로 유지하는 매우 탁월한 운동 방법이다.

자세를 바르게 하라. 폐에 공기를 가득 채워라. 가슴을 펴고 척추를 곧게 세워라. 그리고 편안하게 숨을 내쉬어라. 이 연습은 습관으로 자리 잡을 때까지 때를 가리지 말고 언제든 어디서든 반복해야 한다. 누구나 쉽게 그렇게 할 수 있다.

문을 열고 나가 바깥의 신선한 공기 속으로 들어설 때마다 이 호흡법을 실시하라. 일을 하다가도 건강과 자세에 관한 생각이 드는 때라면 이 호흡법을 실시하라. 회사에 있을 때 불현듯 호흡법 생각이 날 때라면 역시 이 호흡법을 실시하라. 밤에 깨어있을 때, 이 호흡법을 실시하라. 어디에서 무엇을 하고 있는 상황이든 호흡에 관한 생각이 뇌리에 떠오를 때마다 자세를 바르게 하고 이 호흡법을 실시하라. 걸어서 일터로 오고가는 내내 이 호흡법을 실시하라. 그러면 곧 이렇게 숨 쉬는 것이 기쁨으로 자리 잡을 것이다. 즉 건강을 위해서가 아니라 순전히 즐거움을 위해서 이 호흡법을 계속하게 될 것이다.

이 호흡법을 '건강 운동'이라고 생각하지 말라. '건강 운동'이라는 것은 절대 하지 말라. 즉 건강해지려는 목적으로 운동하지 말라. 건강을 염두에 둔 운동은 질병을 현재의 사실이나 혹은 가능성으로 인식한다는 의미이기에 분명히 해서는 안 되는 행동이다. 건강을 위해 언제나 운동을 하는 사람들은 마음 한 귀퉁이에 늘 아픈 것에 대한 생각이 있는 사람들이다.

척추를 곧고 튼튼하게 유지하는 것은 얼굴을 깨끗하게 유지하는 것만큼이나 건강의 문제가 아니라 자부심의 문제여야 한다. 항상 척추를 곧게, 그리고 가슴의 용량을 크고 유연하게 유지하는 것은 손을 청결하게, 손톱을 단정하게 유지하는 것과 같은 이유에서다. 즉 척추가 굽어 있으면 추레하기 때문이다. 현재의 상태로든 미래의 가능성으로든 질병에 대해서는 전혀 생각하지 말고 그렇게 하라. 사람은 몸이 틀어져 있어서 보기가 흉하거나 곧아서 보기가 좋거나 둘 중의 하나여야 한다. 만약 여러분의 자세가 똑바르다면 여러분의 호흡은 저절로 완벽한 방법으로 이뤄질 것이다. '건강 운동'의 문제에 관해서는 뒷장에서 다시 다뤄질 것이다.

요체는 공기를 호흡해야만 한다는 것이다. 폐가 다른 기체나 여하한 종류의 불순물에 의해 심하게 오염되지 않으면서 통상적인 비율의 산소를 함유하고 있는 공기를 받아들여야 하는 것은 자연의 의도이다. 숨을 쉬기에 적합하지 않은 공기가 있는 곳에서 살거나 일할 수밖에 없는 상황이라는 생각을 하지 말라.

만약 환기가 제대로 되지 않는 집이라면 이사하라. 공기가 나쁜 곳이 직장이라면 다른 직장으로 옮겨라. 이 시리즈의 첫 책인 〈부자가 되는 과학적 방법〉에 나오는 방법을 실천하면 누구나 할 수 있다. 아무도 공기 질이 나쁜 그 곳에서 일하려 하지 않으면 고용주는 서둘러 모든 작업장에 제대로 된 환기 시설을 갖출 것이다.

최악의 공기는 호흡에 의해 산소가 소진된 공기이다. 환기가 되지 않는 좁은 공간에 수많은 사람이 모이는 곳, 즉 공기의 유입과 배출이 원활하지 않은 교회, 극장 등이다. 다음으로 나쁜 공기는 산소와 수소 외에 다른 기체, 즉 메탄, 이산화탄소 등을 함유한 하수구 가스, 썩어가는 물질이 내뱉는 악취 등을 포함하고 있는 공기이다. 먼지나 유기 물질 입자가 많이 포함된 공기가 이런 공기보다는 견디기 더 쉽다. 음식이 아닌 작은 유기 물질 입자는 들이마셔도 일반적으로 폐로부터 배출되지만 가스는 혈액으로 들어간다.

'음식이 아닌'이라는 나의 말은 다분히 의도적인 것이다. 공기도 크게 보면 음식인 까닭이다. 공기는 우리가 몸 안으로 받아들이는 것 중 가장 확실하게 살아있는 것이다. 한 번의 호흡만으로 수백만에 달하는 미생물이 몸 안으로 유입되며 그들 중 상당수가 흡수된다. 흙, 풀, 나무, 꽃, 식물, 그리고 조리하는 음식에서 나는 냄새는 그 자체로 음식이다. 냄새란 냄새의 근원이 되는 물질의 미세한 입자인 까닭이다. 이 미세 입자는 너무 잘게 쪼개져 있어서 종종 폐에서 혈액으로 곧장 넘어가 소화 과정 없이 흡수되기도 한다. 그리고 대기는 그 자체가 생명인 하나의 근원물질로 충만해 있다.

호흡에 대한 생각이 떠오를 때마다 이 사실을 의식적으로 인식하고 생명을 호흡하고 있다고 생각하라. 우리가 호흡하는 것은 실제로 생명이 맞기에 이를 의식적으로 인식하는 것은 호흡 과정에 도움이 된다. 유독 가스가 포함된 공기를 마시지 않도록 하고 자신이나 다른 사람이 이미 사용한 공기를 다시 마시지 않도록 하라.

올바르게 호흡하는 문제에 관한 한 이것이 전부이다. 척추는 곧게 펴고 가슴의 용량은 유연하게 유지하면서 맑은 공기를 마셔라. 여러분이 마시는 것은 영원한 생명이라는 사실을 인식하고 감사하라. 이는 어려운 일이 아니다. 지금까지 말한 것과 호흡을 완벽하게 하는 방법을 배운 것에 대해 신에게 감사하는 것을 제외하면 자신의 호흡에 대해서는 따로 생각할 필요가 없다.

제15장

잠자는 법

sleep

생명력은 잠을 자는 동안 재충전된다. 살아있는 모든 것은 잠을 잔다. 사람, 동물, 파충류, 물고기, 곤충도 잠을 자고 식물조차 규칙적으로 잠을 잔다. 왜냐면 잠을 자는 동안 생명체는 자연에 존재하는 생명의 보편적 원리와 연결되어 생명이 재충전되기 때문이다. 사람의 두뇌가 생명력으로 재충전되는 것도 잠을 자는 동안이고 사람에 깃든 건강 원리가 재충전되는 것도 잠을 자는 동안이다. 그렇다면 우리가 정상적이고 자연 친화적으로 완벽하게 건강한 방식으로 잠을 자야 한다는 것은 최우선적으로 중요한 일이다.

잠을 연구해 보면 잠을 자는 동안의 호흡이 깨어 있을 때보다 훨씬 더 깊고 강하며 규칙적이라는 것을 알게 된다. 잠을 잘 때는 깨어 있을 때보다 훨씬 더 많은 공기가 호흡되며 이는 재충전 과정에서는 건강 원리가 대기에 존재하는 일부 성분을 대량으로 필요로 함을 뜻한다.

수면이 전적으로 자연 친화적인 상태로 이뤄지기 위한 첫 번째 조건은 숨 쉴 수 있는 깨끗하고 신선한 공기를 무제한으로 공급받는 것이다. 의사들은 야외의 맑은 공기 속에서 잠을 자는 것이 폐 질환 치료에 매우 효과적이라는 사실을 발견했다. 그리고 여태 이 책에서 제시된 생활 방식 및 사고 방식과 연결하여 생각해 보면 맑은 공기는 그 밖의 여타 모든 종류의 문제에 대처하는 데에도 마찬가지로 효과적이라는 것을 알게 된다.

잠을 자는 동안 깨끗한 공기를 확보하는 문제에 있어서는 어정쩡하게 대처하지 말라. 침실은 철저히 환기하여 사실상 야외에서 잠을 자는 것과 다르지 않게 하라. 문이나 창문 중 적어도 하나는 활짝 열어 두어라. 그리고 가능하다면 마주보는 창 두 개를 열어두어라. 바람이 방을 가로질러 손쉽게 넘나들지 못할 때는 침대 머리 부분을 열린 창문에 가까이 당겨 얼굴이 바깥 공기에 온통 노출될 수 있도록 하라. 날씨가 아무리 춥고 불쾌하더라도 창문 하나는 활짝 열어두어라. 맑은 공기가 방 전체에 넘나들 수 있게 하라. 보온이 필요하다면 침구를 여러 장 사용하라. 하지만 신선한 공기만큼은 외부에서 무제한으로 들어올 수 있게 하라. 이는 건강한 수면을 위한 중요 필수 사항의 첫 번째이다.

사람이 '죽은' 즉 정체된 공기 속에서 잠을 자면 두뇌와 신경 중추의 생명력이 철저하게 재충전되지는 않는다. 살아있는 대기를 확보하는 것은 자연의 생명 원리에 필수적이다. 반복하는데 이 문제에 관해서는 어떠한 타협도 해서는 안 된다. 침실의 환기를 철저히 하여 잠을 자는 동안 반드시 바깥 공기가 침실 전체에 순환하도록 하라. 겨울이든 여름이든 침실의 문이며 창문을 닫고 자면 완벽하게 건강한 방식으로 잠을 자는 것이 아니다.

신선한 공기를 확보하라. 신선한 공기가 없는 곳에 있다면 이동하라. 침실을 도저히 환기 상태로 유지할 수 없는 집이라면 다른 집으로 옮겨라.

중요 필수 사항의 두 번째는 잠을 자는 마음가짐이다. 잠을 자되 지혜롭게, 목적을 가지고, 그리고 자신의 행동이 무엇을 위한 것인지를 아는 상태에서 자는 것이 좋다.

잠은 생명력을 확실하게 재충전하는 장치라 생각하며 자리에 누워라. 기운이 재충전될 것이므로 활력과 건강이 가득한 채로 깨어날 것이라는 확실한 신념을 가지고 잠에 들라. 식사에 목적을 부여하듯 잠에도 목적을 부여하라. 잠자리에 들 때 이 문제에 몇 분 정도 의식을 집중하라. 낙담하거나 우울한 기분으로 침대에 들지 말라. 기력이 온전히 재충전된다는 생각으로 즐겁게 잠자리에 들라. 잠자리에 들면서 감사하는 것을 잊지 말라. 눈을 감기 전에 완벽한 건강에 이르는 길을 보여준 신에게 감사하라. 그 감사한 생각을 마음속에 가장 높이 두고 잠들라. 잠자리에서 하는 감사의 기도는 아주 좋은 것이다. 여러분이 수면, 즉 무의식의 침묵 상태에 있는 동안 여러분에게 깃들어 있는 건강 원리가 자신의 근원으로부터 새로운 힘을 받을 수 있도록 그 근원과 소통하게 하는 까닭이다.

이제 완벽하게 건강한 수면을 위한 필수 사항들이 어려운 게 아님을 알았을 것이다. 첫째, 자는 동안 바깥에서 들어온 깨끗한 공기를 호흡하는 것이고 둘째, 잠자리에 들 때 몇 분 동안 감사의 명상을 함으로써 우리의 내면에 깃든 건강 원리가 살아있는 근원물질과 소통하게 하는 것이다. 이 필수 사항들을 준수하라.

감사하고 확신에 찬 마음가짐으로 잠자리에 들라. 그러면 모든 것이 잘 될 것이다. 혹시 불면증이 있더라도 그 때문에 걱정하지 말라. 누워 잠이 오지 않으면 머릿속에 건강 개념을 형성하라. 여러분이 누리는 풍족한 삶에 대해 감사의 마음으로 명상을 시작하고 숨을 쉬면서 때가 되면 잠이 들 것이라는 완벽한 확신을 가져라. 그러면 잠이 들 것이다. 불면증은 다른 모든 질병과 마찬가지로 이 책에서 설명한 생각과 행동의 과정을 통해 건강 원리가 깨어나 온전하게 기능하게 되면 무너지지 않을 도리가 없다.

이제 독자는 완벽하게 건강한 방식으로 생명의 자발적인 기능을 수행하는 것은 전혀 부담스럽거나 불쾌하지 않다는 것이 이해될 것이다. 완벽하게 건강한 방법은 가장 쉽고, 가장 단순하고, 가장 자연스럽고, 가장 즐거운 방법이다. 건강 증진에는 기술이 필요하지도 않고 어렵지도 않으며 고된 노동이 요구되지도 않는다. 그저 인위적 관습은 그게 무엇이든 제쳐두고 가장 자연스럽고 즐거운 방식으로 먹고 마시고 숨 쉬고 잠을 자면 된다. 건강, 오직 건강만을 생각하며 행한다면 반드시 건강해질 것이다.

제16장

추가 지침

건강 개념을 형성할 때는 우리가 완벽하게 건강하고 매우 강한 사람이라면 어떤 방식으로 살아가고 일을 할 것인가를 생각할 필요가 있다. 건강하다면 어떤 사람일지에 대해 제법 그럴듯한 개념이 생길 때까지 완벽하게 건강하고 매우 강한 사람의 방식으로 모든 일을 처리하는 자신을 상상하라는 것이다. 그런 다음 정신적 육체적 태도를 그 개념과 융합하라. 그 태도에서 벗어나지 말라. 우리가 갈망하는 것과 우리 자신을 우리의 생각 속에서 하나로 합쳐야 한다. 생각 속에서 우리 자신과 하나로 합쳐진 상태나 상황은 그게 무엇이든 곧 몸에서도 하나로 합쳐지게 될 것이다. 우리가 원하지 않는 모든 것과는 관계를 끊고 원하는 모든 것과는 관계를 맺는 것, 바로 이것이 과학적인 방법이다. 완벽한 건강에 관한 개념을 형성하라. 말은 물론이고 행동, 그리고 태도로도 그 개념에 자신을 연결하라.

말을 주의해서 하라. 입에서 나오는 모든 단어가 완벽한 건강의 개념과 융합하게 하라. 절대 불평하지 말라. "지난밤에 잠을 잘 못 잤어요.", "옆구리가 아파요.", "오늘 영 몸이 좋지 않아요."와 같은 말들은 절대 하지 말라. 대신 "오늘 밤 잠을 푹 잘 수 있을 것 같아요.", "제 발전 속도가 빠르네요." 등과 비슷한 의미의 말들을 하라. 질병과 연결된 것에 관한 한 그것이 무엇이든 우리가 취해야 할 길은 잊어버리는 것이다. 건강과 연결된 것에 관한 한 그것이 무엇이든 우리가 취해야 할 길은 우리 자신을 생각뿐 아니라 말에서도 그것과 일치시키는 것이다.

여태 말한 모든 것을 간단히 요약하면 다음과 같다. 생각과 말, 행동에서 여러분 자신을 건강과 하나로 만들라. 생각으로든 말로든 행동으로든 여러분 자신을 질병과 연결하지 말라.

가정용 의학서든 전문 의학서든 뭐가 됐든 그 이론이 이 책의 지침들과 충돌하는 책은 읽지 말라. 그런 책들을 읽게 되면 여러분이 이 책을 통해 여태 받아들인 '근원물질의 삶의 방식'에 대한 신념이 분명히 흔들리고 마음이 질병과의 연관으로 다시금 후퇴하게 될 것이다.

이 책에는 필요한 모든 것이 다 들어 있다. 필수적인 것은 하나도 빠뜨리지 않았고 불필요한 것은 거의 모두 제거했다. 〈건강해지는 과학적 방법〉은 수학처럼 정확한 과학이다. 완벽하기에 그 근본 원리에는 아무것도 더할 수 없으며 그 중 하나라도 빠지면 반드시 실패한다. 이 책에서 알려 주는 생활 방식을 엄격히 따른다면 건강해질 것이다. 그리고 생각과 행동 모두에서 사람이라면 누구나 이 책의 방식을 따를 수 있다.

여러분 자신은 물론이고 가능한 한 다른 모든 사람들까지 여러분의 생각 속에서 완벽한 건강에 연결하라. 사람들이 불평할 때, 심지어 그들이 병들고 고통스러워할 때에도 그들에게 공감하지 말라. 할 수 있다면 그들의 생각이 건설적인 방향으로 흐르게 하라. 그들을 돕기 위해 할 수 있는 모든 것을 다 하되 마음속에는 건강에 관한 생각을 품고서 그렇게 하라.

여러분에게 걱정거리를 털어놓으려는 사람들, 여기저기가 아프다고 하소연하려는 사람들에게 말려들어 그들의 이야기를 듣고 있지 말라. 대화의 주제를 바꾸거나 그게 여의치 않으면 양해를 구한 뒤 자리를 떠라. 무정한 사람이라는 평가를 듣는 편이 질병에 대한 생각으로 융단폭격을 당하는 것보다 낫다. 걸핏하면 질병이나 그와 비슷한 문제를 대화의 주제로 삼는 사람들과 함께 있다면 그들의 말을 무시하고 마음속으로 여러분의 완벽한 건강에 대한 감사 기도를 드리는 데 집중하라. 그래도 그들의 말이 차단되지 않거든 작별을 고하고 떠나라.

사람들에게 정중해야 한다는 것은 그들이 그 어떤 생각을 여러분에게 말로 털어놓든, 즉 그것이 질병에 대한 생각이든 선을 넘은 생각이든 그 해악을 그대로 맞고 있어야 함을 뜻하지는 않는다. 이런 깨달음을 얻은 사람들이 수십만 명을 훌쩍 넘어서 질병에 대한 언급과 불평이 들리는 곳에는 머물지 않고 떠나간다면 세상은 건강 상태를 향해 빠르게 나아갈 것이다. 사람들이 여러분에게 질병에 대해 이야기할 때 그냥 참고 있다면 여러분은 그들이 질병을 퍼뜨리도록 돕는 것과 같다.

그렇다면 여러분 자신이 아플 때는 어떻게 해야 할까? 실제로 몸이 아픈 사람이 여전히 건강에 대해서만 생각할 수 있을까?

할 수 있다. 고통에 저항하지 말라. 고통을 좋은 것으로 인식하라. 고통은 우리 몸에 깃든 건강 원리가 어떤 부자연스러운 상태를 극복하려고 할 때 발생한다. 우리가 알고 느껴야 할 고통의 발생 이유이다.

환부에서 치유의 과정이 일어날 때 발생하는 것이 고통이라고 생각하라. 마음으로부터 그 과정을 지지하고 협조하라. 고통을 일으키는 힘과 정신적으로 완전한 융합을 이루라. 그 힘을 거들면서 함께 나아가라. 지금 진행 중인 치유의 과정을 촉진하는 데 필요하다면 주저하지 말고 온찜질이나 그와 비슷한 방법을 사용하라. 통증이 극심하면 자리에 누워서 치유의 힘이 여러분의 건강을 위해 행하고 있는 작업에 조용하고 편안하게 협조하겠다는 마음가짐을 가지라. 이는 감사와 신념의 시간이기도 하다.

고통을 일으키는 건강의 힘에 감사하고 치유의 작업이 끝나는 즉시 고통은 사라질 것이라 확신하라. 고통이 곧 불필요하게 되는 상태를 여러분의 내부에 만들고 있는 건강 원리에 신념을 가지고 정신을 집중하라. 고통이라는 게 얼마나 쉽게 극복 가능한 것인지 알면 놀랄 것이다. 이 책에 나오는 과학적 방법으로 한동안 지내게 되면 여러분에게 아픔이나 고통 따위는 존재하지 않는 일이 될 것이기 때문이다.

자신이 몸이 너무 약해서 여태 언급한 모든 작업을 수행할 수 없다면 어떻게 해야 할까? 신이 도우리라 믿고 무리해서라도 밀어붙여야 할까? 달리기 선수처럼 '제2의 호흡'을 기대하면서 버텨야 할까?

아니다. 그러지 않는 편이 좋다. 이제 막 근원물질의 삶의 방식으로 살기 시작할 때 여러분은 아마도 정상적인 체력 상태가 아니었을 것이므로 나쁜 체력에서 점차 좋은 체력으로 옮겨가게 될 것이다. 자신을 건강과 힘에 정신적으로 연결하고 생명의 수의적 기능을 완벽하게 건강한 방식으로 수행한다면 여러분의 힘은 나날이 증가할 것이다. 그러나 한동안은 하고자 하는 일을 하기에는 힘이 충분하지 않은 날도 있을 수 있다. 그런 때는 쉬어라. 그 대신 감사하라. 여러분의 힘이 빠르게 증가하는 것을 사실로 인식하라. 그리고 그 힘이 나오는 원천인 살아있는 근원물질에 깊은 감사를 표하라. 가령 한 시간을 감사하는 마음과 함께 휴식으로 보내는 동시에 엄청난 힘이 솟아난다는 충만한 신념을 가져라. 그리고는 일어나서 다시 정진하라. 쉬는 동안에는 현재의 약함에 대해 생각하지 말라. 곧 솟아날 힘에 대해서만 생각하라.

언제든 자신이 약함에 굴복하고 있다는 생각은 절대 하지 말라. 쉴 때는 잠자리에 들 때와 마찬가지로 여러분에게 완전한 힘을 불어넣어 주는 건강 원리에 마음을 고정하라.

매년 수백만 명의 사람들에게 크나큰 골칫거리가 되는 변비에 대해서는 어떻게 해야 할까?

아무것도 하지 말라. 호레이스 플레처의 저서 '영양학의 기초'를 읽고 제대로 이해한다면 내가 이 책에서 제시하는 과학적 방식에 따라 생활할 때 매일

배변을 할 필요가 없으며 실제로 할 수도 없다는 것을 알 수 있다. 3일에 한 번에서 2주에 한 번 정도의 배변이면 완벽한 건강을 위해 충분하다. 신체에서 사용할 수 있는 것보다 3배에서 10배까지 더 많이 먹는 것은 제거해야 할 노폐물도 그만큼 더 많아짐을 의미한다. 하지만 우리의 지침대로 사는 사람들에게는 그런 상황이 초래되지 않을 것이다.

획득한 배고픔이 느껴질 때만 먹는다면, 그리고 매 한 입을 액체 상태가 될 때까지 씹는다면, 또한 배고픔이 사라짐을 느끼기 시작하는 즉시 먹기를 멈춘다면 음식은 소화와 흡수에 최적 상태가 되고 사실상 섭취하는 음식의 전부가 체내로 수용되기에 장에는 배설해야 할 노폐물이 거의 혹은 실질적으로 전혀 남지 않게 된다.

가정용 의학서나 특허 의약품 광고에서 변비에 관하여 읽은 내용 모두를 기억에서 완전히 지울 수 있다면 이 문제에 대해서는 더 이상 생각하지 않아도 좋다. 모든 것을 건강 원리가 알아서 할 것이기 때문이다.

하지만 그럼에도 마음이 변비에 대한 두려운 생각으로 가득하다면 우선 때때로 따뜻한 물로 대장 내부를 씻어내는 것이 좋다. 이는 정신적인 두려움으로부터 조금 더 쉽게 벗어나기 위한 목적 외에는 할 필요가 전혀 없는 처치이지만 그 목적으로는 해볼 만할 것이다. 그리고 여러분이 양호한 발전을 보이고 있으며 음식의 양을 줄여 왔고 과학적 방식으로 실제로 먹고 있다는 것을 깨닫게 되는 순간이 오면 변비에 대한 생각 자체를 뇌리에서 영원히 벗어던져라. 여러분은 변비와 더는 아무런 상관이 없으니까 말이다.

여러분 안에 깃들어 있으면서 여러분에게 완벽한 건강을 줄 힘이 있는 건강 원리를 믿으라. 스스로가 모든 권능인 생명의 보편적 원리에 경건한 감사를 올림으로써 건강 원리와 자신을 연결하라. 그리고 즐겁게 자신의 길을 가라.

운동은 어떨까? 모든 사람은 무릇 몸의 근육들을 매일 조금씩 전반적으로 다 사용할수록 더 좋다. 그리고 그렇게 하는 가장 좋은 방법은 어떤 형태의 놀이나 오락에 참여하는 것이다. 운동은 자연스러운 방법, 즉 놀이를 통해 하는 것이지 건강 증진 자체만을 위한 힘든 수행으로 하는 것이 아니다.

말이나 자전거를 타라. 테니스나 볼링을 쳐라. 공을 주고받는 것도 좋다. 아니면 매일 한 시간 가량을 즐겁고 유익하게 보낼 수 있는 정원 가꾸기와 같은 취미 활동을 해 보라. '건강을 위한 운동'이라는 틀에 빠지지 않으면서도 몸을 유연하게 유지하고 혈액 순환을 좋게 할 만큼 충분히 몸을 움직일 수 있는 방법은 수없이 많다. 재미와 이득을 위해 몸을 움직여라. 운동이란 너무 건강해서 가만히 앉아 있자니 좀이 쑤셔서 하는 것이어야 한다. 건강해지고 싶어서 혹은 그 건강을 유지하고 싶어서 하는 게 아니라는 말이다.

오랜 시간 단식할 필요가 있을까? 전혀 필요 없진 않겠으나 거의 필요 없다. 건강 원리는 발현하기까지 단식 기일처럼 20일, 30일, 혹은 40일씩이나 걸리는 원리가 아니며 정상적인 상태에서 배고픔은 저것보다 훨씬 적은 시간만 흘러도 찾아온다. 대다수의 장기간 단식에서 배고픔이 평소보다 늦게 찾아오는 이유는 단식자 자신이 배고픔을 억제했기 때문이다.

사람들이 단식을 시작할 때는 오랜 시간이 지난 뒤에야 배고픔이 느껴졌으면 좋겠다는, 희망 아닌 희망 같은 두려움을 가지게 된다. 단식에 관하여 읽은 문헌들도 그들을 장기간의 단식에 대비하게 만들며 다들 가능한 한 오랜 시간의 단식에 끝까지 성공하고야 말겠다는 비장한 결심을 하게 된다. 이러한 강력하면서도 긍정적인 암시의 영향을 받은 무의식의 정신은 배고픔의 느낌을 지연시킨다.

어떤 이유로든 자연이 배고픔을 앗아가면 평소

하던 일을 즐거운 마음으로 계속하고 다시 자연이 배고픔을 돌려줄 때까지 먹지 않으면 된다. 그 시간은 2일이든 3일이든 10일이든 그보다 길든 상관없다. 먹을 때가 되면 배가 고파질 것이라고 100% 확신해도 좋다. 즐거운 마음으로 자신의 건강에 대한 긍정과 신념을 확고히 하면 단식으로 인해 초래될 수 있는 그 어떤 쇠약이나 불편도 겪지 않을 것이다. 빈속으로 지내온 시간이 아무리 길더라도 배가 고프지 않다면 먹을 때보다 먹지 않을 때 오히려 더 힘이 나고 행복해지고 편안해짐을 느낄 것이다.

다만 이 책의 지침에 따라 과학적인 방식으로 생활하는 사람은 오래 단식할 필요가 결코 없어진다. 매 식사가 지금까지 살면서 먹어 본 그 어떤 식사보다 더 맛이 있을 것이기에 식사를 거르는 일이 거의 없을 것이기 때문이다. 먹기 전에 획득한 배고픔부터 확보하라. 그리고 획득한 배고픔이 확보될 때마다 먹으라.

제17장

건강해지는 과학적 방법의 요약

A Summary of the Science of Being Well

건강은 완벽하게 자연친화적인 기능이며 평소의
삶이다. 우주에는 생명의 보편적 원리가 있다. 그것
은 살아있는 근원물질이며 그로부터 모든 존재가 만
들어진다. 이 살아있는 근원물질은 모든 우주의 공
간에 스며들어 투과하고 충만해 있다. 그것은 눈에
보이지 않는 상태로 모든 형태에 깃들어 있는 동시
에 그 형태의 안팎을 넘나든다. 그러면서도 모든 형
태가 그것으로부터 만들어진다.

예를 들어 설명해 보면, 어떤 수용성의 수증기가 얼음 덩어리도 투과하여 스며들 정도로 극도로 미세하고 확산성 역시 어마어마하다고 가정하자. 이때 그 얼음은 살아있는 물로 만들어졌기에 그 형태 그대로 살아있는 물이다. 그렇다면 우리의 수용성 수증기 역시 형태가 없는 살아있는 물로서 살아있는 물 자체로 만들어진 형태, 즉 얼음에 스며들어 있을 것이다. 이 예시는 살아있는 근원물질이 어떻게 근원물질 자체로 만들어진 모든 형태에 스며들어 있는지를, 모든 생명이 그 근원물질로부터 나왔으며 따라서 근원물질은 존재하는 모든 생명이기도 하다는 것과 더불어 잘 설명해 준다.

이 우주적인 근원물질은 생각하는 물질이어서 스스로 생각한 형태를 그대로 띤다. 근원물질이 품은 어떤 형태에 관한 생각은 그 형태를 창조한다. 어떤 움직임에 대한 생각 역시 그 움직임을 창조한다. 근원물질은 생각하기를 멈출 수 없으므로 지속해서 무언가를 창조하며 좀 더 충만하고 좀 더 완벽하게 자신을 표현하는 방향으로 끊임없이 나아간다. 이는 좀 더 완벽한 생명과 좀 더 완벽한 기능으로 나아감을 의미한다. 다른 말로 하면 완벽한 건강을 향해 나아간다는 말이기도 하다.

즉 살아있는 근원물질의 힘은 언제나 완벽한 건강을 향해 발휘되지 않을 수 없다. 모든 존재에 깃들어 완벽한 기능을 만들어내는 힘인 까닭이다.

따라서 모든 존재에는 건강을 만들어내는 힘이 스며들어 있다. 사람은 자신을 이 힘과 연결지을 수 있고 동맹을 맺을 수도 있다. 또한 생각을 통해 이 힘과 자신의 연결을 끊을 수도 있다.

사람은 이 살아있는 근원물질의 한 형태이기에 자신의 내부에 건강 원리를 품고 있기도 하다. 이 건강 원리는 온전히 작동할 경우 사람 신체의 모든 불수의적 기능이 완벽하게 기능하도록 한다.

사람은 생각하는 근원물질로 이 근원물질은 그의 육신에 스며들어 있으며 따라서 그 육신의 작용은 그의 생각의 통제를 받는다.

사람이 완벽한 건강에 관한 생각만을 할 때 그 육신의 내부 작용 역시 완벽한 건강의 작용일 것이다. 그러므로 완벽한 건강을 향한 사람의 첫 발걸음은 자기 자신이 완벽하게 건강한 사람이고 또한 완벽하게 건강한 사람의 태도와 방식 그대로 모든 일을 처리하는 존재라는 개념을 형성하는 것이어야만 한다. 이 개념을 형성한 뒤에는 모든 생각에서 자신을 그 개념과는 연결하고 병이나 쇠약과는 단절해야 한다.

만일 이것을 해내고 뒤이어 긍정적 신념을 가지고 건강에 관한 생각들을 하게 되면 그 사람의 내부에 깃든 건강 원리가 온전히 활성화되면서 모든 질병을 치료할 것이다. 신념을 이용하면 생명의 보편적 원리로부터 추가적인 힘을 받을 수도 있는데 이 신념은 자신에게 건강을 주는 건강 원리를 경건한 감사의 마음을 가지고 대할 때 얻을 수 있다. 살아있는 근원물질에 의해 끊임없이 주어지고 있는 건강을 의식적으로 받아들이고 그에 대해 마땅한 감사의 마음을 갖는다면 신념이 발달하는 것이다.

사람이 완벽하게 건강한 방식으로 생명의 수의적 기능들을 수행하지 않는다면 완벽한 건강에 관한 생각만을 하는 것은 불가능하다. 이 수의적 기능들은 먹기, 마시기, 숨 쉬기, 그리고 잠자기이다. 사람이 건강만을 생각하고 건강을 믿으며 완벽하게 건강한 방식으로 먹고 마시고 숨 쉬고 잠을 잔다면 완벽한 건강을 갖지 않을 수 없다.

건강은 특정 방식대로 생각하고 행동하는 결과이다. 만약 아픈 사람이 이 특정 방식에 따라 생각하고 행동하기 시작하면 그 사람의 안에 깃든 건강 원리가 온전히 활성화되어 그의 모든 질병을 치료할 것이다. 이 건강 원리는 우주에 퍼져있는 생명의 보편적 원리와 연결되는 것이기에 모든 존재 내에서 동일하며 모든 질병을 치유할 수 있고 사람이 건강해지는 과학적 방법에 따라 생각하고 행동할 때마다 활성화될 것이다.

그러므로 모든 사람은 완벽한 건강을 얻을 수 있다.

건강해지는 과학적 방법

초판인쇄 2024년 3월 29일
초판발행 2024년 3월 29일

지은이 월리스 D. 와틀스
옮긴이 지갑수
발행인 채종준

출판총괄 박능원
책임편집 유   나
디자인 홍은표
마케팅 전예리 · 조희진 · 안영은
전자책 정담자리
국제업무 채보라

브랜드 크루
주소 경기도 파주시 회동길 230 (문발동)
투고문의 ksibook13@kstudy.com

발행처 한국학술정보(주)
출판신고 2003년 9월 25일 제406-2003-000012호
인쇄 북토리

ISBN 979 - 11 - 7217 - 154 - 4   02190

크루는 한국학술정보(주)의 자기계발, 취미, 예술 등 실용도서 출판 브랜드입니다.
크고 넓은 세상의 이로운 정보를 모아 독자와 나눈다는 의미를 담았습니다.
오늘보다 내일 한 발짝 더 나아갈 수 있도록, 삶의 원동력이 되는 책을 만들고자 합니다.